Schimmel
Im Namen Allahs, des Allbarmherzigen

Annemarie Schimmel

Im Namen Allahs,
des Allbarmherzigen

Der Islam

PATMOS VERLAG

Die Deutsche Bibliothek – CIP-Kurztitelaufnahme
Ein Titeldatensatz für diese Publikation ist bei
Der Deutschen Bibliothek erhältlich.

© 1996 Patmos Verlag, 2. Auflage 1998
© ppb-Ausgabe 2002 Patmos Verlag GmbH & Co. KG, Düsseldorf
Alle Rechte, einschließlich derjenigen des auszugsweisen
Abdrucks sowie der fotomechanischen und elektronischen
Wiedergabe, vorbehalten.
Umschlagabbildung: Richard T. Nowitz
Druck und Bindung: Lengericher Handelsdruckerei, Lengerich
ISBN 3-491-69051-X
www.patmos.de

Inhalt

بسم الله الرحمن الرحيم

Einleitung

„Warum haben Sie denn als Frau ausgerechnet sich so mit dem Islam beschäftigt?" Das ist eine der Standardfragen, die mir immer wieder gestellt werden, und wenn ich sage, „Weil mich die orientalische Kultur von Kindheit an interessierte", sieht man mich nur mit unverständigem Lächeln an. Naja, die Märchen aus Tausendundeiner Nacht wahrscheinlich ...

Die Verwunderung darüber, daß eine Frau sich mit dem Islam befaßt, vor allem wenn sie in den dreißiger Jahren aufgewachsen ist, tritt uns Orientalisten und mir persönlich immer wieder entgegen, und die eingangs genannte Frage ist bei weitem nicht das einzige Zeichen von Unverständnis, wenn es sich um die größte und uns am nächsten stehende Weltreligion handelt. Es schien mir lockend, einmal die Fragen zusammenzustellen, die mir immer wieder vorgelegt werden, und zu versuchen, sie einigermaßen zu beantworten. Zu diesem Zweck habe ich zwei Gestalten, Christian und seine Nichte Maria, erfunden, die zu Sprachrohren vieler Vorurteile oder Mißverständnisse werden, die abzubauen ich mich jahrzehntelang bemüht habe. Vielleicht können meine Antworten auch andere Menschen überzeugen oder zumindest zum Nachdenken bringen.

1. Islam

„Wo liegt denn Islam? Ist das zwischen Iran und Irak?"

Diese Frage wurde, im echten Bostoner Akzent, während des Golfkrieges telefonisch dem Middle East Center der Harvard Universität gestellt.

Vielleicht findet man keine so haarsträubende Frage in Deutschland, doch heißt es immer wieder: Was ist *Islam*, was sind *Muslime, Moslems, Muhammedaner?*

So fragt auch Christian bei einem Besuch. „Also die Araber, diese mohammedanischen Terroristen …", fing er an, nachdem die Zeitungen wieder einmal von einem Anschlag der Palästinenser im Westjordanland berichtet hatten.

Vergessen Sie nicht, sage ich besänftigend, daß ein Teil der Palästinenser auch Christen sind – oder ist George Habasch ein muslimischer Name?

„Woher soll ich das wissen? Und wie hängt das alles zusammen: Moslems, Islam, Mohammedaner?"

Ganz einfach. Die Religion, die im Koran verkündet und durch Muhammad verbreitet wurde, ist *Islām*. Das Wort gehört zur gleichen Wurzel wie *salām*, „Heil, Friede", das Sie ja aus dem jüdischen *schalom* kennen. *aslama*, das Verb, bedeutet „sich ergeben" (und dadurch zum inneren Frieden gelangen, wie man erweiternd sagen kann), und *islām* ist das Verbalsubstantiv dazu.

> WENN ISLAM ERGEBUNG IN GOTTES WILLEN HEISST,
> IN ISLAM LEBEN UND STERBEN WIR ALLE,

sagt ja kein geringerer als Goethe. *Muslim* ist einfach das Partizip dazu: einer, der den Islam bekennt, der sich Gott ergibt.

Moslem ist eine aus der englischen Sprache übernommene Form (übrigens wird das *s* in all diesen Worten scharf, nicht weich, ausgesprochen).

„Gut, ich verstehe, aber was ist mit den Mohammedanern?"

Früher nannte man die Muslime meist so, weil sie Anhänger des Propheten Muhammad sind, und Sie finden in älteren Werken auch *Mohammedanismus* oder, im französisch beeinflußten Gebiet, *mahométanisme*. Die Muslime aber lehnen diese Bezeichnung ab, weil sie sich nicht primär als Anhänger Muhammads bezeichnen, so wie die Christen sich auf Jesus Christus beziehen; Muhammad ist nur der Vermittler der göttlichen Botschaft, die im Koran offenbart ist.

„Ja, aber was macht denn dann einen Muslim aus?"

Ein Muslim wird man im äußeren Sinn, wenn man die *schahāda*, das Glaubensbekenntnis „Ich bezeuge, daß es keine Gottheit außer Gott (Allah) gibt und daß Muhammad der Gesandte Gottes ist", *la ilāha illā 'Llāh, Muḥammad rasūl Allāh*, vor Zeugen ausspricht. Das ist die einfache Grundlage, und wer diesen „ersten Pfeiler des Islam", wie es technisch heißt, akzeptiert, ist auch zur Beachtung der vier weiteren Pfeiler verpflichtet; das sind das fünfmalige tägliche Gebet *(ṣalāt)*, die Zahlung der Armensteuer *(zakāt)*, das Fasten im Ramadan, und, wenn möglich, einmal im Leben die Pilgerfahrt nach Mekka. Freilich ist für den Frommen im Grunde alles Geschaffene *muslim*, denn es bewegt sich ja nach Gottes Willen, ergibt sich, metaphorisch gesprochen, in das göttliche Gesetz, das die Welt durchwirkt. Aber um *Muslim* im realen Sinn zu werden, muß man sich eben auch nach den im Koran gegebenen Gesetzen richten.

„Daß es nur einen einzigen Gott gibt, leuchtet einem ja ein, und in mehr oder weniger klarer Form sind wir doch alle Monotheisten", meint Christian. „Aber was ist mit der zweiten Hälfte, den Worten über Muhammad? Da kann ich doch nicht mit."

Natürlich, die zweite Hälfte grenzt ja den historischen Islam von anderen Religionen ab. Alle Religionen, sei es Judentum oder selbst der Hinduismus, der uns meist mit der verwirrenden Vielfalt seiner Göttergestalten vor Augen steht, haben doch ein einziges höchstes Prinzip, aber wenn ein Mensch die Rolle Muhammads als des Propheten anerkennt, dessen Verkündigung des göttlichen Wortes, wie es im Koran erschienen ist, den historisch sichtbaren Islam geschaffen und dem strengen Monotheismus seinen Platz in der politischen und kulturellen Entwicklung gewiesen hat, dann ist es nicht so einfach für einen Nicht-Muslim, diesen zweiten Satz des Glaubensbekenntnisses ehrlich auszusprechen. Die Mystiker sagen: „Die erste Hälfte der *schahāda* ist die Wahrheit, die zweite das Gesetz."

Nun spricht der Koran aber nicht nur von *islām*, der Unterwerfung unter Gottes Willen, sondern auch von *īmān*, „Glauben". Das ist, wie wir sagen können, die innere Dimension des Islam. Denn, wie der Koran sagt, nicht jeder *muslim*, d. h. jemand, der den Islam offiziell angenommen hat, ist auch ein *mu'min*, einer, der Glauben besitzt, d. h. der die inneren Werte des Islam verwirklicht. Er befolgt vielleicht das Gesetz äußerlich, kennt aber nicht seine geistigen Aspekte.

Wie eine weitverbreitete Legende erzählt, sprach der Engel Gabriel zu Muhammad über *islām* und *īmān* und fügte noch eine dritte Stufe hinzu, nämlich *iḥsān*, das heißt „schön oder gut machen". Dieser Begriff wird verwendet, wie mir einmal ein weiser Mann in Südindien erklärte, um den Menschen daran zu erinnern, daß alles, was er tut, so schön und vollkommen wie möglich zu tun sei, da Gott ihn ständig sieht und man Gott durch religiöse Hingabe erfreuen wolle und solle. So werden die *muḥsinūn*, „diejenigen, die Gutes tun", sehr häufig im Koran erwähnt, und man kann sagen, daß die drei eben genannten Aspekte jeden Akt eines Muslims und einer Muslimin durchdringen sollen, ob er oder sie nun das Ritualgebet verrichtet, fastet oder nach Mekka zur Pilgerfahrt geht.

„Sie sprechen immer von Muslim und Muslimin. Haben die Frauen denn auch religiöse Pflichten?"

Ja, die Frau ist genau so verpflichtet wie der Mann, die Pfeiler des Islam zu beachten, und wenn Sie in ein islamisches Land kommen, werden Sie wahrscheinlich sehen, daß die Frauen ihre religiösen Verpflichtungen intensiver wahrnehmen als die Männer.

„Ja, aber die Frauen werden doch unterdrückt ..., geprügelt, dürfen nichts alleine tun; haben keine Seele ..."

Darüber reden wir ein andermal! sage ich, und Christian wendet sich rasch zu einem anderen Lieblingsthema:

„Und immer wieder liest man doch von diesen schrecklichen Fundamentalisten, und jetzt sogar in Bangladesh und in Algerien! Da habe ich zwei Fragen: Was sind diese Fundamentalisten? Sind das alles Araber, die den heiligen Krieg wollen? Und wieso findet man sie dann in so vielen Ländern?"

Erst einmal Frage 1: Der Ausdruck „Fundamentalisten" ist eigentlich falsch, denn man bezeichnete zunächst in Nordamerika am Ende des 19. Jahrhunderts evangelische Gruppen, die an die Verbalinspiration der Bibel glaubten, als Fundamentalisten. Da nun jeder Muslim an den Koran als unverfälschtes göttliches Wort glaubt, ist eigentlich auch jeder ein „Fundamentalist". Man sollte lieber sagen: Traditionalist, oder auch Islamist, ein Wort, das ich allerdings nicht mag. Was die sogenannten Fundamentalisten zunächst wollen, ist, die einfachen islamischen Werte wieder im Leben zu verwirklichen und alles Gute nur im Islam zu sehen. Der Islam ist Allheilmittel gegen Arbeitslosigkeit, gegen Kommunismus, gegen Kapitalismus, gegen Feminismus, kurz gegen alles. Und wir wissen ja selbst: In Ländern, in denen Armut und wachsende Arbeitslosigkeit herrschen, wo auch zum Teil noch Nachwehen des Kolonialismus zu spüren sind und für viele negative Entwicklungen zu recht oder zu unrecht verantwortlich

11

gemacht werden, da kann eine Bewegung, die ein ganz einfaches Programm hat, sehr leicht Anhänger finden – selbst wenn diese Anhänger oft kaum mehr vom Koran kennen als seinen Namen und vielleicht die Kapitel, die sie beim Gebet rezitieren müssen. Aber leider arten solche Bewegungen oft in Terrorismus aus, und der Kampf gegen Andersgläubige oder die Unterdrückung von Abweichlern in den eigenen Reihen wird häufig eines ihrer Ziele, obgleich ein Wort des Propheten Muhammad warnt, man solle niemand als *kāfir*, als Ungläubigen erklären, und obgleich es im Koran (Sure 2,256) heißt: „Kein Zwang im Glauben". Hier liegen die großen Probleme, die wir täglich sehen, wenn wir versuchen, den Islam positiv zu bewerten – das wird uns allerdings durch Strömungen dieser Art schwergemacht. Andererseits haben sich die „Islamisten" in manchen Gebieten auch dadurch verhärtet, weil gewisse Regierungen gegen regimekritische Stimmen in ihrem Land gelegentlich brutal vorgegangen sind. Die Muslim-Brüder in Ägypten sind eine Bewegung dieser Art, die sich jetzt offenbar etwas mehr „liberalisieren".

Und wenn Sie das Wort „heiliger Krieg" verwenden, dann ist das eine bedauerliche Fehlübersetzung des Wortes *dschihād*, das heißt, „sich bemühen, streben", und zwar, wie meist dazugesetzt wird, „auf dem Wege Gottes", nämlich um den Glauben zu verbreiten und die Menschen zu dem zu rufen, was der Koran als Ziel verkündet, zur Anerkenntnis des einen und einzigen Gottes. Deswegen muß der *dschihād* im echten Sinn vom Imam erklärt werden, der die Gegner erst einmal auffordern muß, den Islam anzunehmen. Aber kein Krieg ist heilig, und der Begriff „heiliger Krieg" stammt aus dem Vokabular der Kreuzzüge. Leider haben unsere muslimischen Freunde ihn jetzt auch übernommen und damit ein falsches Bild vom Islam gezeichnet, das viel zu Mißverständnissen beigetragen hat.

„Das klingt ja etwas anders als manches, was wir täglich lesen", meint Christian erstaunt. „Aber bitte sagen Sie mir, wieso der Islam sich so rasch ausgebreitet hat?"

Vielleicht ist es ganz nützlich, einen ganz knappen Überblick über die islamische Geschichte zu geben. Sie ist sehr kompliziert, und wir können immer wieder Überraschungen erleben, wenn neue Quellen ans Licht kommen. Bedenken Sie, wir haben noch Tausende von Manuskripten in den Bibliotheken, die noch nicht ausgewertet worden sind, und auch sonst stehen wir im Grunde noch ganz am Anfang unserer Kenntnis, denn die eigentliche Orientalistik ist erst knapp 200 Jahre alt, während das klassische Altertum, das viel weniger Zeugnisse hinterlassen hat, schon seit Jahrhunderten immer genauer und liebevoller geprüft und dargestellt worden ist.

„Noch eins: Spricht man überall in den islamischen Ländern Arabisch?"

Aber nein: Arabisch ist die heilige Sprache, denn der Koran ist in „klarer arabischer Sprache" offenbart worden. Sonst hat jedes Land seine eigene Sprache, seine eigenen Literaturzeugnisse, seine Kunst, seine Sitten und Gebräuche, und da nur wenige Gelehrte bei uns alle diese Sprachen beherrschen, konzentrieren sie sich meist auf ein bestimmtes Gebiet, ohne das Ganze im Auge behalten zu können. Der Islam ist wie ein facettenreicher Stein; er ist zwar insofern „monolithisch", wie man immer sagt, als er unwandelbar auf dem Koran beruht sowie auf der Grundlage des Glaubensbekenntnisses, daß es keine Gottheit als Gott gibt und Muhammad der letzte gesetzgebende Gesandte Gottes ist. Doch in den Ausarbeitungen, in der Theologie wie in der Praxis, finden Sie die verschiedensten Aspekte dieser Grundlage, denn es wäre ja merkwürdig, wenn die äußere Form des Islam in – sagen wir – Nigeria und Java ganz gleich wäre.

„Sie machen mich richtig gespannt", sagt Christian. *„Wieso also Nigeria und Java?"*

Ich werde später die religiösen Grundlagen des Islam eine nach der anderen erklären; jetzt kommt erst einmal einfach die historische Entwicklung.

Muhammad war um 570 in Mekka geboren – wir werden zu seinem Leben später zurückkehren; um 610 erhielt er die ersten Offenbarungen, predigte und wurde von seinen Landsleuten abgelehnt; nach seiner Auswanderung nach Medina 622 wurde er zum Staatsgründer; es gelang ihm, 630 seine Heimatstadt zurückzuerobern. Zwei Jahre später starb er in Medina. Seine Nachfolger, als *Kalifen* bezeichnet, brachten die ganze arabische Halbinsel unter ihre Gewalt, und bald stießen die von religiösem Enthusiasmus beflügelten arabischen Heere nach dem Zweistromland vor, eroberten Syrien und Palästina sowie Ägypten, und drangen dann im Westen über Tunesien bis Marokko vor. Im Nordosten wurde Iran 651 muslimisch. Natürlich erforderte die Verwaltung des Reiches großes Geschick, und genaue Verwaltungsregeln wurden geschaffen.

Besonders wichtig für die islamische Geschichte ist das Jahr 711. In diesem Jahr überschritten die Muslime die Meerenge von Gibraltar und ließen sich in Spanien nieder, wo die muslimische Herrschaft später die schönsten Blüten trieb – und Gibraltar trägt noch heute den Namen des Eroberers *Tariq*; es ist *gebel ṭāriq*, „Berg des Tarik". 732 standen die Araber in Südfrankreich, wurden aber von Karl Martell bei Tours und Poitiers geschlagen. Man kennt sie in der europäischen Literatur entweder als Sarazenen oder als Mauren. 1492 wurde die letzte Bastion des spanisch-arabischen Reiches, Granada, von den christlichen Königen zurückerobert.

„Und was passierte noch im Jahre 711?"

Die Araber überschritten erstmals den Oxus, der ja gewissermaßen den Grenzfluß nach Zentralasien bildet. Heute trennt er Afghanistan von Tadschikistan und Usbekistan. Diese Gebiete wurden sehr bald zu Zentren islamischer Kultur. Wenn Sie auf die Namen der großen Gelehrten blicken, die sich in den ersten Jahrhunderten des Islam auf allen Gebieten – Theologie, Naturwissenschaften, Philosophie – auszeichneten, weisen die meisten auf das iranisch-zentralasiatischtürkische Gebiet hin. Buchara und Samarkand waren wichtige

Stätten der Gelehrsamkeit in jener Zeit. Und als drittes geschah es 711, daß eine kleine Gruppe von Arabern Sind eroberte, das ist das Gebiet am Unterlauf des Indus, der südliche Teil des heutigen Pakistan. Der junge Kommandeur der kleinen Truppe (er war damals 17 Jahre alt) wandte den Begriff der „Schutzbefohlenen" nicht nur auf die Juden und Christen an, wie es im Nahen Osten der Fall war, sondern auch auf die zahlreichen Buddhisten und die Hindus des Landes. Seither breitete sich der Islam in diesen Gebieten aus.

„Was sind Schutzbefohlene?"

Nach koranischer Definition Christen, Juden, Sabier – also Menschen, die ein geoffenbartes Buch haben und daher nicht unter den Begriff der zu bekämpfenden Heiden fallen.

„Aber was geschah denn in den arabischen Ländern?"

Als der vierte Kalif, Muhammads Vetter und Schwiegersohn ᶜAli, 661 einem Mordanschlag zum Opfer fiel, übernahmen die Omayyaden, eine vornehme mekkanische Familie, die Macht und residierten in Syrien; nicht nur die große Moschee in Damaskus zeugt von ihrer Herrschaft, sondern die berühmten Wüstenschlösser. In Berlin können wir die herrliche Fassade von Mschatta sehen, die sie um 700 erbauten. Sie galten aber den Frommen als allzu weltlich und nicht als musterhafte Muslime. Im Herbst 680 versuchte der jüngste Enkel des Propheten Muhammad, Husain, der Sohn von ᶜAli und der Prophetentochter Fatima, nochmals die Macht zu gewinnen; er wurde von Regierungstruppen in Kerbela im Irak getötet, und dies ist der entscheidende Punkt in der Weltschau der Schiiten, von denen wir noch sprechen werden. Nach Kämpfen und Rebellionen übernahmen Verwandte des Propheten, Nachfahren seines Oheims Abbas, im Jahr 750 die Herrschaft und gründeten die neue Hauptstadt Bagdad am Tigris. Sie wissen ja, wie die Märchen von Tausendundeiner Nacht ein märchenhaftes Bild von Bagdad heraufbeschwören, vom Glanz und Prunk der dortigen Kalifen, unter denen Harun ar-Raschid der bekannteste war.

„Also den berühmten Kalifen hat es tatsächlich gegeben!"

Ja, er regierte zur gleichen Zeit wie Karl der Große bei uns, und es gab diplomatische Beziehungen zwischen den beiden Reichen. Alle Künste und Wissenschaften blühten dort, die Mystik entwickelte sich, Grammatik und Literatur fanden ihre klassische Form ebenso wie Jurisprudenz, Naturwissenschaft und Medizin. Aber natürlich nahmen auch politische Schwierigkeiten zu. Die Kalifen holten sich türkische Söldner aus Zentralasien als Helfer, die sich bald selbständig machten und in den Randprovinzen des Reiches fast unabhängig wurden; nur dadurch, daß sie den Namen des Kalifen im Freitagsgebet erwähnten, zeigten sie ihre Loyalität.

Es gab auch die Frage der *mawālī*, das waren, zu Beginn der Islamgeschichte, die neubekehrten Nichtaraber, die sich einem der großen arabischen Stämme als *maulā*, „Klient", anschließen mußten, um volles Bürgerrecht zu genießen. Verständlicherweise rebellierten sie gegen die so unislamische Differenzierung, die bald endete.

Der letzte Prinz aus dem Omayyadenhaus war 751 nach Spanien geflüchtet, wo er sein glänzendes Reich aufbaute, und in Nordafrika entwickelte sich ein schiitisches Machtzentrum (wir werden es später kennenlernen), aus dem die Fatimiden kamen, die von 969 bis 1171 über Ägypten und Syrien herrschten. Die Kreuzfahrer versuchten in immer neuen Wellen, Jerusalem wieder ganz für die Christenheit zu gewinnen; ihnen stellte sich am Ende der auch von seinen Feinden hochgeschätzte Saladin *(Şalāḫuddīn)*, ein Herrscher kurdischer Abstammung, entgegen. Sie kennen ihn ja aus „Nathan der Weise" von Lessing!

Der schwache Kalif von Bagdad wurde zunächst eine Legitimationsfigur für die persischen Buyiden, eine schiitische Familie. Nach ihnen übernahmen die türkischen sunnitischen Seldschuken 1055 die eigentliche Macht. Das war wichtig für die künftige Entwicklung ums Mittelmeer; denn 1071 hatten sie in der Schlacht von Mantzikert am Vansee in Ostanatolien die Byzantiner geschlagen, herrschten zwei Jahrhunderte im mittleren und zentralen Teil Anatoliens. Darauf entwickelte sich eine kleinere türkische Stammesgruppe in Nordwestanatolien zur führenden Macht. Es sind die Osmanen, genannt nach Osman, dem Sohn Orchans, die 1326 die Stadt Brussa zu ihrer Hauptstadt machten. Von dort aus gelang es ihnen, den größten Teil des Balkans zu erobern, und nach der Schlacht auf dem Amselfeld (1389), wo Sultan Murad von den Serben getötet wurde, machten die Osmanen Adrianopel (Edirne) zur Hauptstadt, bis es Sultan Mehmet dem Eroberer am 29. Mai 1453 gelang, Konstantinopel zu erobern. Dieser Sieg, der Überlieferung nach vom Propheten Muhammad vorausgesagt, bildete die Grundlage für die zunehmende Macht des osmanischen Reiches, das im 16. Jahrhundert unter Selim dem Grausamen seine Grenzen über Ägypten und Syrien ausdehnte, was auch die Herrschaft über die heiligen Stätten Mekka und Medina einschloß. Die Regierung Süleymans des Prächtigen (1520–1566) bildet den Höhepunkt der osmanischen Macht. Dazu gehört 1529 auch die Belagerung Wiens. Aber wie bei allen großen Reichen folgte dann eine langsame Auflösung. Es dürfte interessieren, daß die Aufgabe, das zerrüttete osmanische Heer im 19. Jahrhundert zu reformieren, einem Deutschen, nämlich Helmuth von Moltke, übertragen wurde, dessen „Briefe aus der Türkei" immer noch lesenswert sind. Ihm folgten andere Deutsche, und im Ersten Weltkrieg war die Türkei ja Deutschlands Verbündeter. Nach der Niederlage 1918 gelang es Mustafa Kemal Pascha, dem später der Ehrenname Atatürk gegeben wurde, das türkische Volk aufzurufen, sein Schicksal in die eigenen Hände zu nehmen. Er schaffte das Sultanat 1923, das ohnehin nur als eine Fiktion bestehende Kalifat 1924 ab und machte die Türkei mit ihrer neuen Hauptstadt Ankara zu einem modernen, westlich ausgerichteten Staat, in dem sogar die seit Jahrhunderten verwendete arabische Schrift aufgegeben und 1928 durch die lateinische Schrift ersetzt wurde. Als Atatürk 1938 starb, war die Türkei auf dem besten Wege, ein europanahes Land zu bleiben, wenngleich die jahrhundertelange Verwurzelung im Islam sich nie auflösen ließ und in einer persönlichen Art der Frömmigkeit weiterlebte ...

Aber kehren wir besser zur alten Geschichte zurück. Eine besondere Machtposition hatten sich türkische Gruppen im Ostteil des abbasidischen Reiches geschaffen, wo Mahmud von Ghazna, im heutigen Afghanistan, seit 999 herrschte. Von dort aus führte er nicht weniger als 17 Feldzüge nach Indien durch und legte so den Grundstein für eine weitgehende islamische Herrschaft im indischen Subkontinent. Lahore, heute in Pakistan, wurde 1026 seine erste indische Hauptstadt, in der sich bald Gelehrte, Künstler, Dichter, Mystiker versammelten, und langsam schoben sich die Muslime nach Süden und Osten vor; sie gewannen Schwerpunkte in Radschastan und in Delhi, das 1206 Regierungssitz wurde. Fast gleichzeitig kam auch Bengalen unter muslimische Herrschaft. Große Heilige lebten im Subkontinent, und die Verbreitung des Islam ist mehr ihnen als dem berüchtigten „Feuer und Schwert" oder gar der Zwangsbeschneidung zu verdanken. Wenn Sie die herrlichen Bauten in Delhi sehen, wie das riesige Qutub Minar (1230), ahnen Sie etwas von der Macht der Muslime. Auch nach Süden stießen sie vor, und von 1327 an entstanden die muslimischen Königreiche im Dekkan, deren größte, Golconda und Bidschapur, erst 1686–87 in die Hand der Mogulherrscher von Delhi fielen. Aus dem 14. Jahrhundert besitzen wir den interessanten Bericht eines nordafrikanischen Reisenden, Ibn Battuta, der an der südindischen Küste sehr viele Schulen für muslimische Jungen und Mädchen fand und die hohe Kultur in jenem Landesteil bewunderte. Auf den Malediven traf er eine muslimische Herrscherin.

„Das ist ja erstaunlich! Also Frauen hatten auch Rechte?"

Und ob! Der erste Fürst der sogenannten „Sklavenkönige", Iltutmisch von Delhi, unter dem das Qutub Minar und die große Moschee von Delhi erbaut wurden, setzte 1236 seine Tochter als Nachfolgerin ein, und sie regierte vier Jahre lang, kurz bevor eine Frau in Ägypten herrschte. Und wenn Sie die Mogulgeschichte lesen, merken Sie, wie groß der Einfluß der Damen in jener Zeit war.

Aber lassen Sie uns erst einmal wieder ins Mittelalter zurückkehren. Im Jahr 1220 kam die große Katastrophe über die zentralislamischen Gebiete. Tschingis Khan mit seinen Horden kam aus Innerasien, um Rache für die Ermordung einiger Kaufleute zu üben, und von den Verwüstungen, die er und seine Nachfolger anrichteten, haben wir wohl alle in der Schule gehört, standen die mongolischen Heere doch 1244 vor Liegnitz in Schlesien! Im Jahr 1258 wurde Bagdad erobert; dort wurde der letzte abbasidische Kalif getötet, und damit hatte die islamische Welt ihren politischen Mittelpunkt verloren. Deshalb wird dieses Jahr 1258 auch gern als Schlußpunkt der klassischen Zeit des Islam angesehen, was freilich die Sache zu einfach macht. Zwei Jahre später schlug der Mamluk Baibars die Mongolen in Syrien und stoppte ihren Vormarsch zum ersten Mal. Dadurch konnte sich Ägypten verhältnismäßig gut weiterentwickeln und eine Art neue Vormachtstellung einnehmen.

„Mamluken – was ist das nun schon wieder? Mut zeiget euch der Mameluck, das haben wir mal in der Schule gelernt, aber wer ist der Mameluck?"

Mamluken sind Militärsklaven. Wie ich vorhin andeutete, wurden seit dem 9. Jahrhundert junge Knaben aus den Weiten Zentralasiens und Südrußlands gekauft; sie wurden zu muslimischen Soldaten ausgebildet, dann freigelassen und konnten jedes Amt übernehmen. Nicht nur Mahmud von Ghazna war der Sohn eines solchen Militärsklaven, sondern auch Iltutmisch von Delhi. Aber wenn wir von Mamluken im engeren Sinn sprechen, meinen wir die Dynastie, die von 1250 bis 1517 in Ägypten und Syrien samt den heiligen Stätten herrschte und Kairo mit wunderbaren Bauten schmückte. Es war eine seltsame Welt, wo die Herrscher kaum Arabisch sprachen, sondern Türkisch und Tscherkessisch, wo verfeinerte Kultur und Grausamkeit eng beieinander lagen, wo aber die Korruption so zunahm, daß es die Osmanen unter Selim leicht hatten, mit ihren überlegenen Feuerwaffen das mamlukische Heer im August 1516 in Nordsyrien zu schlagen. Der letzte Sultan fiel vom Pferd, offenbar vom Schlag getroffen; sein Leichnam wurde nie gefunden – und Selim zog Anfang 1517 in Kairo ein, nahm den Kalifen mit, der nach 1258 in Kairo Zuflucht gefunden hatte, und verleibte Ägypten und Syrien seinem Reich ein.

Ein anderer interessanter Aspekt der islamischen Geschichte ist die Entwicklung Irans und seiner Nachbarländer im 14. und 15. Jahrhundert. Das Gebiet, das sich gerade von dem Mongolensturm etwas erholt hatte, wurde von den Heeren Timurs überrannt, der 1402 den osmanischen Sultan Bayazid II bei Ankara schlug. Der Kampf zwischen Timur (im Westen als Tamerlan bekannt) und Bayazid hat ja etliche Dramen des 16. Jahrhunderts inspiriert und sogar Händel zu einem Oratorium angeregt! Seine Eroberungszüge, die ihn bis nach Delhi einerseits, nach Damaskus andererseits führten, waren sicher so schrecklich wie die der Mongolen, aber Timur war auch ein Kunst und Literatur liebender Herrscher. Seine Gespräche mit dem großen nordafrikanischen Geschichtsphilosophen Ibn Chaldun in Damaskus im Jahr 1400 sind hochinteressant, und die Bauten in seiner Hauptstadt Samarkand entzücken uns heute noch. Sein Enkel Ulugh Beg war ein führender Astronom seiner Zeit, und Kalligraphie, Miniaturmalerei und Literatur in Persisch ebenso wie die tschagatay-türkische Sprache und Literatur blühten im ausgehenden 15. Jahrhundert. Aus Timurs Familie kam der unternehmungslustige junge Prinz Babur, dem es gelang, in Indien Fuß zu fassen und das „Haus Timurs", das wir die „Großmogule" nennen, dort fest zu etablieren. Von 1526 bis nominell 1857 herrschten die Mogule in Indien, und die Namen Akbars (1556–1605) oder Schahdschahans (1628–1658) sind bekannt. Jedermann kennt den Tadsch Mahal, das traumhafte weiße Marmormausoleum in Agra, das dieser kunstliebende Monarch für seine Frau errichtete, die 1631 bei der Geburt ihres 14. Kindes (in 16 Jahren!) starb.

„Ach, ich wußte gar nicht, daß der Tadsch Mahal ein muslimisches Bauwerk ist", sagt Christian etwas verwirrt.

Er ist es, und Nordindien ist voll von herrlichen Bauten, Moscheen, Mausoleen, Palästen, und wann immer man das Land besucht, findet man mehr und mehr interessante Stätten, von Delhi und Lahore und Agra bis hinab in den Süden. Sie kennen natürlich den Namen Kaiser Akbars, der vergeblich versuchte, mit seinem *dīn-i ilāhī*, der „göttlichen Religion", eine Symbiose zwischen Islam und Hinduismus zu schaffen. Die Geschichte des indischen Islams allein würde mehrere Bücher füllen. Daß dann nach dem Tod Aurangzebs, der 1707 nach nahezu fünfzigjähriger Regierung als fast Neunzigjähriger starb, das Reich, das er durch seine unkluge Eroberungspolitik ausgeweitet hatte, langsam den Angriffen anderer Kräfte zum Opfer fiel, ist nicht überraschend. 1757 errangen die Briten in Bengalen ihren ersten Sieg über die Inder und schoben sich dann langsam gen Westen vor; Delhi wurde immer wieder von Hindus, Sikhs und anderen rebellischen Kräften belagert und geplündert. Schließlich endete das glorreiche Mogulreich nach der sogenannten *Mutiny*, dem Soldatenaufstand von 1857, und wurde dann, mit Ausnahme der Fürstenstaaten, der Britischen Krone unterstellt. Mit den in aller Welt aufbrechenden nationalistischen Bewegungen verstärkten sich die Spannungen zwischen Hindus und Muslimen; die Muslime lehnten es ab, beim 1885 gegründeten Indian National Congreß mitzuarbeiten, weil sie fürchteten, bei einem demokratischen Verfahren würden sie, als Minderheit, immer benachteiligt sein. Diese Spannung endete vor knapp einem halben Jahrhundert mit der Teilung des Subkontinents 1947. Der Gedanke an ein selbständiges muslimisches Gebiet im Nordwesten des Subkontinents war von Iqbal, dem muslimischen Dichter-Philosophen, 1930 erstmals ausgesprochen worden, doch hatte er sich das, wie es in seiner berühmten Rede 1930 heißt, als eine Art Bollwerk vorgestellt, das, wie so oft, Indien vor feindlichen Einbrüchen aus dem Nordwesten schützen könnte – denn allzu häufig in der Geschichte waren Heere durch den Khaiberpaß ins Pandschab, das Fünfstromland, eingefallen, und Lahore war die erste wichtige Festung, die ihnen oftmals Einhalt geboten hatte.

Doch die schreckliche Massenflucht von Millionen Muslims nach Pakistan, von Hindus nach Bharat (Indien) und die gespannte Beziehung zwischen beiden Ländern hatte Iqbal nicht voraussehen können; auch nicht, daß sich Ost-Bengalen Pakistan zunächst anschließen und dann 1971 schmerzhaft wieder lösen würde. Man muß wissen, daß West- und Ost-Pakistan 1500 Kilometer voneinander getrennt waren und ganz verschiedene Sprachen, ja sogar verschiedene Alphabete verwendeten. Im Westen war Urdu die offizielle Sprache, dazu noch eine Menge wichtiger Sprachen in den Provinzen wie Sindhi, Pandschabi, Paschto, Balotschi (nicht zu vergessen die kleinen Sprachen im nördlichen Bergland); in Bengalen war es Bengali, das in einer indischen Schrift geschrieben wird ...

„Wie verwirrend!" sagt Christian. „Aber Sie haben ein Land vergessen, nämlich Iran. Und das interessiert uns doch besonders!"

Wir sprachen von Iran zur Zeit Timurs und seiner Nachfolger, aber seine jetzige Form nahm das Land an, als 1501 der junge Ismail der Safavide das Land eroberte und die schiitische Form des Islams als Staatsreligion einführte. Damit erhielt Iran, unter wechselnden Dynastien, eine Sonderstellung zwischen dem sunnitischen osmanischen Reich und dem vorwiegend sunnitischen Indien, und diese Sonderstellung hat es, auch bei den politischen Entwicklungen, beibehalten.

„Sie müssen mir mal mehr über Sunniten und Schiiten erzählen! Und wie steht es mit Afrika und so weiter!"

Afrika wurde, wie auch die im Südosten Asiens liegenden Gebiete, durch den Einfluß von Kaufleuten einerseits, von mystischen Führern andererseits islamisiert. Die Händler, die aus Indien Stoffe nach Afrika brachten, verbreiteten gleichzeitig auch die Religion, in der man genähte Kleider trug, und die Mystiker haben überall, in den verschiedensten Sprachen, die auf den einfachsten Nenner gebrachten Grundlehren des Islam mitgebracht. Es gibt interessante Reformbewegungen in Nigeria, wie die des Osman dan Fodio im frühen 19. Jahrhundert, ebenso wie man mystische Bewegungen in Malaysia und Indonesien findet, wohin ebenfalls Kaufleute aus Indien kamen; auch die Pilgerfahrt nach Mekka brachte Menschen aus aller Welt zusammen und inspirierte neue islamische Bewegungen in den ehemaligen Randgebieten. Vom seit dem Mittelalter islamischen Zentralasien breitete sich der Islam nach China aus, wo man mit etwa 40 Millionen Muslimen rechnet. Und in den letzten Jahrzehnten finden wir eine zunehmende Zahl von Muslimen in Europa und Amerika, nicht nur Zuwanderer, wie die Türken hier, sondern auch Konvertiten, die sich von einem der verschiedenen Aspekte des Islam, sei es mystisch, sei es „fundamentalistisch", angezogen fühlen.

„Also müssen wir uns doch wohl etwas mit dem Islam beschäftigen", meint Christian nachdenklich.

2. Gott

„Glauben die Muslime eigentlich an denselben Gott wie wir?" fragt Maria.

Ich sehe sie erstaunt an: Es gibt doch nur einen!

„Ja, aber in so vielen Büchern steht immer Allah und nicht Gott. Sind das nicht verschiedene Dinge?"

Nein, *Allāh* bedeutet *al-ilāh,* „der Gott", im Arabischen, und es ist der Name, mit dem Gott im Koran bezeichnet wird oder, wie der gläubige Muslim sagt, sich selbst bezeichnet. Aber auch die arabischen Christen gebrauchen eben dies Wort in den Bibelübersetzungen und im Gebet. Da gibt es keinen Unterschied. Ich persönlich, und viele unserer Kollegen, finden es deshalb nicht so gut, in Übersetzungen *Allāh* statt „Gott" zu schreiben, wenngleich sehr viele Muslime das tun, weil sie sagen, es sei doch Gottes Eigenname, bei dem Er sich selbst im Koran nennt. Aber es schafft eine Distanz, die uns daran hindert, den Islam recht zu verstehen.

„Aber wie ist denn Gott im Islam überhaupt vorzustellen?"

Der Koran ist erfüllt mit Hinweisen auf Ihn, der Schöpfer aller Dinge ist: Er braucht nur zu sagen „Sei! Und es wird" (Sure 2,117 und oft), Er ist unsichtbar, „nicht erreichen Ihn die Blicke" (Sure 6,103), und „Sein Thron umfaßt Himmel und Erde" (Sure 2,255), aber Er ist auch dem Menschen näher als seine Halsschlagader (Sure 50,16). Der Koran umgibt Ihn mit den „Schönsten Namen" (Sure 7,180 u. a.), deren Anzahl man auf 99 ansetzt, und diese Namen deuten Seine verschiedenen Eigenschaften an: Er ist in erster Linie der All-Erbarmer, der Allbarmherzige – das sind nämlich die Namen, die zu Beginn jeder koranischen Sure stehen. Seine absolute Einheit manifestiert sich in den Begriffen, die Rudolf Otto zu Beginn unseres Jahrhunderts als *mysterium tremendum* und *mysterium fascinans* bezeichnet, das heißt „Furcht, Ehrfurcht inspirierendes Geheimnis" und „entzückendes Geheimnis": Gottes Macht erscheint in polaren Formen, Allmacht, Stärke, Gewalt einerseits, Güte, Liebe, Schönheit andererseits. Er ist es, der erhöht und der erniedrigt, der Leben schenkt und den Tod schickt, der überaus gewaltig ist und überaus weise, usw.; deshalb sprechen die Muslime von den Namen der Machtsphäre und denen der Huldsphäre, und deswegen findet man so häufig Eigennamen, die aus dem Wort ᶜabd, „Diener", und einem der Gottesnamen zusammengesetzt sind, wie ᶜabdur raḥmān, „Diener des Barmherzigen", oder ᶜabdul laṭīf, „Diener des Subtilen", oder ᶜabdul hādī, „Diener des Rechtleitenden" usw.; aber niemand würde wohl seinen Sohn ᶜabdul mudhill, „Diener des Erniedrigenden" nennen, weil der Name eine Beziehung zwischen dem Menschen und bestimmten Aspekten Gottes ausdrückt. Gott ist mit diesen Namen nicht zu umschreiben; sie deuten nur auf Seine Eigenschaften hin. Man kann von Ihm nur sagen, „Er ist", und Er ist sich immer gleich. Wir erkennen nur Seine Wirkungen.

Man kann Ihn nicht mit menschlichen Kategorien beschreiben, denn, wie die Sure des Einheitsbekenntnisses (Sure 112) sagt, „Er ist nicht gezeugt und hat nicht gezeugt". Das richtete sich wohl zuerst gegen die altarabische Vorstellung, daß Gott Töchter habe, wurde dann aber natürlich auch auf die Lehre von der Gottessohnschaft Jesu ausgedehnt.

Gott schafft in freier Entscheidung, und was wir als Naturgesetze ansehen, ist nach islamischer theologischer Meinung die „Gewohnheit Gottes", die Er jedoch jeden Augenblick ändern kann. Feuer brennt nicht von selbst, sondern „mit Gottes Erlaubnis", und in jedem Geschehnis ist es immer Gott, der unmittelbar handelt. Deswegen ist ein Wunder etwas, „das die Gewohnheit [Gottes] unterbricht" – (chāriq al-ᶜāda). Der große mystische Dichter Dschalaladdin Rumi (gest. 1273) hat das in einer hübschen Geschichte angedeutet:

Es sah ein Ameislein
auf dem Papier die Feder
und sagte, was sie sah,
den andern Emsen auch:
    „Welch wundervolle Bilder
    hat dieses Rohr gemalt,
    wie Liliengärten, Rosen,
    wie Gärten voller Duft!"
Die andere Emse sagte:
„Der Finger tut das doch –
Die Feder ist nur Mittel
zum Zweck und folgt der Hand!"
    Die dritte Emse sagte:
    „Nein, das stammt nur vom Arm,
    wodurch der dünne Finger
    dann solches wirken kann!"
So ging das immer weiter,
bis schließlich höher noch
der Führer aller Emsen
etwas gescheiter war
    und sprach: „Ihr seht die Künste
    von äußrer Form nur an,
    die sich im Schlaf, im Tode
    nicht mehr besinnen kann.
Die Form ist wie ein Kleid nur
und wie ein Stock zur Stütze,
doch ohne Geist und Seele
ist sie für kein Werk nütze."
    Er wusste nicht, dass diese –
    das Herz und der Verstand –
    bewegungslos verharren,
    wenn Gott sie nicht bewegt.
Und zöge Er nur einmal
hinweg der Gnade Hand –
Wie viele dumme Sachen
erfände der Verstand!

Gott weiß genau, was wann für jedes geschaffene Wesen notwendig ist, und Er sorgt für Unterhalt und Heilung.

„Ja", unterbricht Maria, „aber warum gibt es dann soviel Leiden? Warum lehnen sich die Menschen nicht immer wieder auf?"

Denk daran, wie du in der Bibel die Geschichte von Hiob gelesen hast, der auch im Koran als Prophet und leidender Mensch erscheint. Das Wort „Der Herr hat's gegeben, der Herr hat's genommen, der Name des Herrn sei gelobt!" könnte als Motto auch über dem Leben des Muslims stehen. Wir sprechen immer von dem Fatalismus der Muslime, aber in Wirklichkeit ist der Glaube an ein bestimmtes Schicksal nicht etwas, was den Menschen zur Trägheit führt, wie man so oft annimmt, es ist vielmehr das willige Annehmen des Geschehenen; man versucht auch im schlimmsten Schicksalsschlag noch Gottes Willen zu erkennen und nicht mit Ihm zu hadern, „denn Er wird nicht gefragt, was Er tut" (Sure 21,24). Und wenn du einmal eine türkische Mutter gesehen hast, die nach dem Tod ihres zehnten und letzten Sohnes noch in ihrem Leid imstande war, ihre Besucher zu trösten, dann weißt du, was Ergebung in Gottes Willen, *islām*, wirklich ist. Und denke mal an Mevlûde Genc, die Türkin aus Solingen, die bei dem Brandanschlag 1993 fünf Familienmitglieder verlor und trotzdem keinen Haß gegen die Deutschen zeigt!

„Ja, das ist wirklich etwas Bewundernswürdiges", meint Maria. „Ich würde sagen, das ist eine echt ‚christliche' Haltung!"

Du siehst, wie nah wir uns kommen können! Aber gehen wir weiter mit dem Gottesbegriff! Natürlich haben die Muslime im Lauf der Jahrhunderte immer wieder versucht, Gott näher zu definieren. Das Buch eines pakistanischen Orientalisten heißt *„God of Justice"*, „Der Gott der Gerechtigkeit". Der Verfasser hat sich bemüht zu zeigen, daß Gott, wie Er im Koran erscheint, in erster Linie gerecht ist. Das ist das Prinzip einer frühislamischen Schulrichtung, der Muʿtaziliten, die von ʿadl und tauḥīd, „Gerechtigkeit" und „Einheit" sprachen.

Der erste Punkt, die Anerkenntnis der Einheit, ist ja Pflicht jeden Muslims, aber für die Muʿtaziliten bedeutete es, daß Gott keine mit Ihm gleich-ewigen Eigenschaften haben kann und daß daher der Koran zwar unerschaffen, aber doch nicht gleich-ewig mit Gott ist – eine Haltung, gegen die die Altgläubigen heftig protestierten. Gerechtigkeit aber erfordert, daß Gott das Gute belohnen, das Böse bestrafen *muß,* und damit steht dem frei handelnden Menschen ein durch seine Gerechtigkeit gezwungener Gott gegenüber – eine Idee, die für die meisten Gläubigen unannehmbar war. Die Gerechtigkeit Gottes deckt sich nämlich nicht mit unseren beschränkten menschlichen Vorstellungen von Gerechtigkeit, denn „es gibt nichts, das Ihm gleicht" (Sure 42,11), und die Eigenschaften Gottes, von denen der Koran spricht, sind nicht vergleichbar mit den Eigenschaften eines Geschöpfes.

Man hat zwei Wege angewandt, um Gottes Wesen anzudeuten, das eine ist *taschbīh,* das andere *tanzīh. taschbīh* heißt „verähnlichen" – wenn du dir also vorstellst, daß Gott ähnlich wie wir Geschöpfe ist und handelt –, *tanzīh* aber bedeutet, Ihn von jedem Vergleich mit etwas Geschaffenem freizuhalten und nur zu sagen, „Er ist, aber ohne Wie". Wenn also der Koran davon spricht, daß Gott auf Seinem Thron sitzt oder daß Er Adam mit seinen beiden Händen geformt habe, so ist das Verähnlichung, aber man versucht, zumindest in einem großen Teil der Theologie, hier das *bilā kaifa,* „ohne wie", einzuführen, d. h. man sagt, Gott ist so und so, Er hat Hände, mit denen Er schafft, aber „ohne Wie", ohne daß der Mensch sich diese Hände vorstellen kann. Gott ist ein lebendiger Gott, der „jeden Tag in einer Angelegenheit ist" (Sure 55,29), d. h. ununterbrochen wirkt und jedes Atom unter Seiner Kontrolle hat. Deshalb lehnt der Islam auch die judaeo-christliche Vorstellung ab, daß Gott am siebenten Tag der Schöpfung ruhte; der Wochen-„Feiertag" war ursprünglich kein Ruhetag im Islam. Er ist die Quelle für alles, und „zu Ihm kehren wir zurück" (Sure 2,119), wie der Koran sagt; denn alles Geschaffene ist vergänglich, außer dem Angesicht, d. h. dem Wesen Gottes (Sure 28,88).

Und Gott ist immer nahe: Was den modernen säkularisierten Menschen des Westens vielleicht am Islam am meisten stört oder beunruhigt, ist das Gefühl der ständigen Gegenwart Gottes, weil der Muslim weiß, daß all seine Handlungen, ja seine Gedanken unmittelbar zu Gott sind. Das führt dazu, daß der Muslim auch die kleinste, für uns profan wirkende Handlung gewissermaßen religiös überhöht, und deshalb enthält das islamische Gesetz nicht nur religiöse Regeln im engeren Sinn, sondern auch Belehrungen darüber, wie man sich bei Handel und Wandel, bei jedem Akt im Laufe des Tages und der Nacht gottgefällig zu verhalten habe. Dieses Bewußtsein der unausweichlichen Allgegenwart Gottes durchdringt die ganze Lebenshaltung.

„Macht das den Muslim nicht schrecklich ernst, wenn er gar keine Freiheit hat, sich nicht richtig amüsieren kann?"

Gewiß, die Asketen fanden, daß diese Welt ein Jammertal ist (wie wir das ja auch im Christentum kennen), aber das Bewußtsein, sein Bestes zu tun, um Gott zu dienen, gibt dem Menschen doch ein gewisses Glücksgefühl. Denn Gott hat ja auch die Welt geschaffen, damit der Mensch in ihr wirke und sie verbessere. Und Er hat auch keine harte Askese vorgeschrieben; dem Menschen wurde der Körper gegeben, damit er ihn im rechten Maß verwendet und nicht durch übermäßige Askese abtötet, denn dann wäre er ja nicht mehr zu rechtem Gottesdienst imstande.

Der Koran betont immer wieder, daß Gott vergebend und liebevoll ist. Er weiß alles, sieht alles, hört alles, regelt alles, straft die Sünden, aber wenn der Mensch sich in der Hoffnung auf Vergebung an Ihn wendet, dann wird Er vergeben. Die schönsten Gebete im Islam sind die Gebete um Vergebung, wie ein persischer Frommer im 9. Jahrhundert sagte:

O GOTT, ICH HABE NICHTS FÜR DAS PARADIES GETAN,
UND ICH HABE NICHT DIE KRAFT, DIE HÖLLE ZU ERTRAGEN –
NUN LIEGT DIE SACHE BEI DEINER GNADE!

Immer wieder klingt die Hoffnung auf, daß Gott sich dem reuigen Menschen zuwendet und ihn leitet, ja, daß Er ihm nicht eingäbe, sich reuig zu Ihm zu wenden, wenn Er ihm nicht vergeben wollte. Die einzig wirkliche Sünde ist es, die Einheit und Einzigkeit Gottes zu leugnen, Ihm anderes beizugesellen. Das nennt man *schirk*, „Zugesellung", und das ist das Schlimmste, was man tun kann.

„Aber denken denn alle Muslime so?"

Es gibt, wie auch in anderen Religionen, verschiedene Vorstellungen von Gott. Im Lauf der Jahrhunderte kam es zu dogmatischen Formulierungen, wie sie etwa in einer Dogmatik des 15. Jahrhunderts, der *ᶜaqīda sanūsiya*, niedergelegt wird; da heißt es, Gott habe 41 Eigenschaften, und zwar 20 notwendige, wie Existenz, Leben, Wissen usw., und 20 unmögliche, wie Nicht-Existenz, Nicht-Leben, Nicht-Wissen, und eine mögliche, nämlich daß Er alles Mögliche tun kann oder nicht tun kann. Uns scheint es, daß solche starren Formeln nichts mit dem lebendigen Gott des Korans zu tun haben, und es waren eben solche Vorstellungen, die dazu führten, daß manche europäischen Religionshistoriker den Islam als deistische Religion ansahen. Gott schien sich ganz aus der Bewegung der Welt zurückgezogen zu haben, und man konnte nichts anderes als diese Formeln über Ihn aussagen.

Es gibt natürlich auch die mystische Gottesvorstellung. Die Sufis, die muslimischen Mystiker, von denen ich dir später mehr erzählen werde, sahen Gott als das liebende Wesen an, und die berühmteste Anekdote von Rabiᶜa, der großen Frommen aus dem irakischen Basra, die 801 starb, weist den Weg zu dieser Gottesvorstellung:

Einmal wurde sie in einer Strasse Basras gefragt, warum sie eine Fackel in der einen Hand, einen Eimer Wasser in der anderen trage, und sie antwortete: „Ich will Feuer ans Paradies legen und Wasser in die Hölle giessen, damit diese beiden Schleier verschwinden und es deutlich wird, wer Gott aus Liebe und nicht aus Höllenfurcht oder Hoffnung aufs Paradies anbetet."

Gott von ganzem Herzen zu lieben, das war das Ziel der Mystiker, und sie drückten ihre Liebe und Sehnsucht in kleinen Versen aus und versuchten, Ihm, dem Unerschaffenen, Ewigen so nahe wie möglich zu kommen und ganz in Ihm zu entwerden – so zu „werden, wie sie waren, bevor sie waren", so daß nur Gott blieb. Gott, so sahen sie es, ist der einzige, der „das Recht hat, ‚Ich' zu sagen"; der Mensch hat das nicht; Gott ist auch wie die Flamme, in die sich der Falter stürzt, wie es Goethe in seinem herrlichen Gedicht „Selige Sehnsucht" gesungen hat, einem Bild, das der frühen islamischen Mystik entstammt. Das absolute Sein, die Wahrheit, *al-ḥaqq* – das ist Gott für die Mystiker, und je länger je mehr wird Er vor allem in der Poesie zum Geliebten, den man mit zärtlichen Worten anredet. Wenn du einmal persische Gedichte liest, dann weißt du oft nicht, ob der wunderbare einzige Geliebte, der da mit lieblichsten Worten angeredet wird, nun ein menschliches Wesen oder der ewigschöne Gott ist, denn man schrieb dem Propheten den Ausspruch zu: „Ich sah meinen Herrn in schönster Gestalt ..." – eine Überlieferung, die allerdings den Orthodoxen durchaus nicht genehm war. So ist der Gott im Sufismus der ewig Schöne, Geliebte, dem man alles zuliebe tut. In der mehr theoretischen Mystik, wie sie sich dann im späteren Mittelalter entwickelte, wird der Gedanke von der *waḥdat al-wudschūd* geformt, das ist „Einheit des Seins", ein Begriff, der oft mit Pantheismus oder Monismus übersetzt worden ist. Aber das ist oberflächlich; die Grundlage für diese Weltschau war ein Wort, das Gott sagen läßt: „Ich war ein verborgener Schatz und wollte erkannt werden, deshalb erschuf Ich die Welt." Die in Gott noch verborgenen Namen, von denen wir sprachen, sehnten sich in ihrer Ureinsamkeit, bekannt zu werden, brachen aus dem urewigen Gott wie lange zurückgehaltener Atem hervor – man kann hier geradezu von einer mystischen *big bang* Theorie sprechen – und verwandelten das Nicht-Sein in Etwas, so wie Glasstückchen sichtbar werden, wenn Licht darauf fällt. Diese ganze Welt ist so ein Spiegel für Gottes Namen, während Seine Essenz, Sein Wesen, für immer verborgen bleibt, Er bleibt, wie die Theologen sagen, der *deus absconditus,* der unerreichbare, unvorstellbare Gott, von dem wir nur den „Saum Seiner Gnade" erkennen oder ergreifen können. Aber wir dürfen das nicht als echten Pantheismus ansehen, denn nicht das Wesen Gottes ist identisch mit der Welt, sondern die Welt ist eine Reflektion der Namen. Daß dann viele Menschen, vor allem die Dichter und Volkssänger der islamischen Welt, diese Unterschiede nicht machen, sondern Gott in allem sehen, ist bekannt. Deswegen hat die Orthodoxie immer, bis heute, gegen diese Vorstellungen geeifert. Es gibt also die verschiedensten Wege, sich Gott vorzustellen, und gegenüber den philosophischen oder den späteren mystischen Ideen, die Gott so fernrückten, hat ein moderner Dichter-Philosoph wie Muhammad Iqbal (gest. 1938) in Lahore den Charakter Gottes als eines Ich, eines lebendigen, immer wirkenden Wesens gesetzt, wie Er uns immer wieder aus den Worten des Korans entgegentritt, ein Gott, den man rufen kann, den man mit Namen anreden kann und der zum Menschen sagt: „Rufe Mich an, Ich will antworten" (Sure 40,26), aber dessen Wesen alle menschliche Vorstellung übertrifft, transzendent und immanent, mächtig und gütig zugleich, „Licht der Himmel und der Erde" (Sure 24,35).

„Ja, da gibt es so viel, was mir vertraut vorkommt. Nur als Vater erscheint Gott offenbar nicht."

Nein, denn Sure 112 sagt ganz klar: „Er hat nicht gezeugt und ist nicht gezeugt." Denn Jesus ist nach islamischer Lehre zwar der letzte große Prophet vor Muhammad, aber keinesfalls Gottes Sohn.

„Danke", sagt Maria, *„jetzt muß ich mal gründlich nachdenken, wie ich mir Gott vorstelle!"*

3. Der Koran

„Heute haben wir in der Schule ein Stück aus dem Koran im Religionsunterricht durchgenommen. Das finde ich aber schrecklich verwirrend! Ich hab mal eine Übersetzung durchgeblättert, aber begriffen habe ich nichts", seufzt Maria eines Tages. „Können Sie mir helfen?"

Ich hoffe! Du mußt zunächst verstehen, daß eine Übersetzung des Korans dir niemals das vermittelt, was der arabische Text meint, denn im Koran sind, anders als bei der Bibel, Wort und Sinn derart verwoben, daß keine Übersetzung den wahren Sinn ganz erfassen kann. Das Arabische hat so viele Bedeutungen, und jedes Wort kann auf andere Begriffe hindeuten und für uns nicht erkennbare Beziehungen zu anderen Begriffsebenen ausdrücken, daß jede Übersetzung eine Verfälschung ist (schon einen profanen Text zu übersetzen ist ja ein Wagnis). Diese Vielschichtigkeit des Korans ist der Grund dafür, daß alle Gebete, die auf dem Koran beruhen, vom Muslim nur auf Arabisch rezitiert werden dürfen, und der Gläubige empfindet den Segen des Wortes, auch wenn er oder sie das Wort selbst nicht versteht. Du wirst eine ganze Reihe Muslime finden, die bereits als Kinder den ganzen Koran auswendig gelernt haben und damit *ḥāfiẓ* oder *ḥāfiẓa*, „Bewahrer" des Wortes, geworden sind, ohne je Arabisch gelernt zu haben. Ich erinnere mich an unseren Koranlehrer in Ankara, einen gebildeten höheren Beamten, dem ich vorschlug, doch Arabisch zu lernen, und der mir antwortete: „Wozu? Der Koran ist doch nicht Arabisch (er meinte das Arabisch, was man mit der Grammatik lernt); er ist Gottes Wort." Das mag für einen modernen Menschen seltsam klingen, hat aber seine ganz zentrale Bedeutung für den Muslim, denn dadurch ist der Koran gewissermaßen offen für immer neue Verständnisebenen. Es gibt ein außerkoranisches Wort, in dem Gott sagt: „Wenn einer den Koran rezitiert, das ist, als spräche er mit Mir und Ich spräche mit ihm", d. h. es ergibt sich eine innige Verbindung des Menschen mit Gott, und man fühlt sich geehrt, daß man Gott mit Seinen eigenen Worten anreden darf.

„Aber wie ist der Koran denn überhaupt entstanden?"

Als Muhammad, wie es seine Gewohnheit war, in der Höhle Hira nahe Mekka meditierte, hatte er eine plötzliche Vision oder besser Audition: Er wurde angeredet *iqra'*, „rezitiere!" oder „lies!", und er antwortete: „Ich kann nicht lesen", oder „weiß nicht, wie zu rezitieren", und nach einer wiederholten Ermahnung begann die Stimme (die mit der des Engels Gabriel identifiziert wird) zu sprechen: „Lies im Namen deines Herrn ...!"

Das ist das Stück, das jetzt als Sure 96 im Koran steht. Muhammad war überaus schockiert, aber seine Frau Chadidscha tröstete ihn und überzeugte ihn davon, daß dies keine dämonische, sondern eine göttliche Eingebung war, und nach einer qualvollen Periode, während der keine zweite Audition kam, begannen die Anredungen aus dem Unsichtbaren wieder. Die ersten waren von der Androhung des nahenden Gerichtes geprägt, und die Schrecken der „Stunde" wurden dramatisch angedeutet. Wie bei den Propheten des Alten Bundes wurde auch hier die Betonung auf gutes, rechtes Handeln gelegt, Sorge für die Armen, und dann, immer stärker in den Mittelpunkt tretend, die Betonung des Eingottglaubens: Gott, der diese Welt geschaffen hat und sie am Ende wieder vernichten wird, ist Einer, kann nur Einer sein; Er ist es, in dessen Hand alles Leben des Universums liegt. Eine Auferstehung der Toten, eine Abrechnung an einem zukünftigen Gerichtstag erschien den praktisch gesonnenen mekkanischen Kaufleuten als etwas Absurdes; aber die Offenbarungen lehrten, daß es für Gott ein leichtes ist, die zu Staub gewordenen Menschen wieder zu beleben und zur Rechenschaft zu ziehen. Das Wunder von Zeugung und Geburt wird als Beispiel gebracht, und vor allem werden die Ungläubigen daran erinnert, daß ja auch die scheinbar tote Wüste nach den Regenfällen plötzlich Grün und Pflanzen hervorbringt. Wenn man persische oder sonst orientalische Dichtung liest, wird man immer finden, daß die Frühlingsgedichte meist Vergleiche mit der Auferstehung enthalten und dadurch besonders dramatisch und farbenreich werden. Aber die Mekkaner konnten mit solchen Vergleichen nicht viel anfangen; sie lehnten Muhammad und seine Botschaft ab. Die Offenbarungen trösteten nun den Propheten mit Geschichten früherer Propheten, die alle, wie er, auf das Unverständnis der Mitmenschen gestoßen waren; diese Mitmenschen aber wurden am Ende gestraft oder vernichtet.

Als Muhammad dann mit seinen Getreuen im Jahr 622 nach Medina übersiedelte (wir werden davon noch im einzelnen sprechen), änderte sich auch der Ton der Offenbarungen; denn Muhammad war nun nicht mehr nur geistlicher Führer, sondern mußte sich um die Formung seines Gemeinwesens in Medina kümmern. Die Offenbarungen dieser Zeit sind daher praktischer, handeln von Regeln und Verboten, vom allgemeinen Wohl und so weiter. Gelegentlich wurden dabei frühere Offenbarungen abrogiert, durch neue ersetzt; das erschwert uns manchmal das Verständnis. Die letzte Offenbarung kam kurz vor dem Tod des Propheten; es ist Sure 5,15: „Heute haben Wir für dich deine Religion vollendet."

„Ja, und dann? Wer hat das alles aufgeschrieben?" fragt Maria. „Woher wissen wir das alles?"

Die Gefährten des Propheten, die sich um ihn scharten, bewahrten seine Worte – man muß immer daran denken, daß wir es mit einer Kultur mit mündlicher Überlieferung zu tun haben; die vorislamischen Dichter behielten die längsten und kompliziertesten Gedichte fehlerlos im Gedächtnis. So bewahrten die Gefährten auch die Offenbarungen getreu im Gedächtnis, oder sie kritzelten sie auf irgendwelches Material, Papyrus, Kamelknochen und was erreichbar war, und stellten diese Fragmente zusammen, die ihnen gewissermaßen als

Gedächtnisstütze dienten. Denn die arabische Schrift war damals noch sehr primitiv; viele Buchstaben hatten die gleiche Form und wurden erst später durch darüber und darunter gesetzte Punkte näher definiert (man konnte zunächst ein *b, t, th, n, i* nicht oder nur in bestimmten Formen unterscheiden), und Vokalzeichen gab es auch nicht, denn das Arabische ist eine so mathematisch gestaltete Sprache, daß man seine grammatischen Formen verhältnismäßig leicht erkennen kann. Dann, nach dem Tod des Propheten im Jahr 632, fühlte man doch, daß es nötig war, die gesammelten Offenbarungen zusammenzustellen, denn manche Männer, die sie im Gedächtnis bewahrten, starben oder fielen im Kampf. Es war der dritte Nachfolger Muhammads, der Kalif ᶜOthman ibn ᶜAffan, der 644–656 regierte, der es unternahm, die Offenbarungen zusammenzustellen, und zwar nach einem einfachen Prinzip, das im Orient wohlbekannt ist: Er ordnete die Kapitel (genannt *Sure*) in absteigender Länge. Der Koran beginnt mit einem Bittgebet, der *Fātiḥa*, die „Eröffnende", von 7 Versen, das in der islamischen Welt wohl noch häufiger verwendet wird als das Vaterunser im Christentum; dann folgt Sure 2, genannt *al-baqara*, „die Kuh" (die Überschriften der Kapitel sind auf ein besonders hervorgehobenes Ereignis oder einen Namen innerhalb der Suren bezogen). Die *baqara* hat 6661 Worte, und so geht es abwärts, bis das 112. Kapitel, der logische Abschluß des Koran, erreicht ist, in dem das Einheitsbekenntnis steht: „Sprich: Gott ist einer, Er ist ewig, Er ist nicht gezeugt und hat nicht gezeugt, Ihm gleich ist keiner." Dann folgen zwei kurze Gebete um Schutz vor bösen Menschen und Geistern, die auch oft auf Talismanen geschrieben werden. Man setzt bei der Überschrift hinzu, ob die Sure in Mekka oder Medina offenbart wurde; dadurch hat man einen gewissen chronologischen Anhaltspunkt.

„Und wie ging es dann weiter? Weiß man, wie so eine ganz frühe Koranhandschrift aussah?"

Ja – man kann Fragmente in jedem Museum finden! Sie sind in einer steifen, für die meisten Muslime heute schwer les-

baren Schrift geschrieben, meist auf großen Pergament-
blättern, aber der Wunsch, das Wort Gottes so schön wie möglich zu schreiben, führte dazu, daß sich die Schriftkunst, die
Kalligraphie, im Lauf der folgenden Jahrhunderte immer verfeinerte, und wenn man die großen Pergament-Kodices sieht,
die, meist im Breitformat mit nur wenigen Linien auf der
Seite, fast wie Ikonen kontempliert werden können, merkt
man schon etwas von der Segensmacht des heiligen Buches,
das für den Muslim Gottes ewiges Wort ist. Die Entwicklung
der Schriftkunst durch die Jahrhunderte ist ein faszinierendes
Kapitel in der Geschichte der islamischen Kunst. Darüber
später mehr. Jetzt nur so viel: Der Muslim glaubt, nur ein
Muslim könne und dürfe den Koran abschreiben, denn um das
zu tun, muß man sich im Zustand ritueller Reinheit befinden.
Die Formulierung „Nicht berühren ihn als die Gereinigten"
(Sure 59,76) wurde so ausgelegt, daß der Koran nur dann
berührt, rezitiert und natürlich auch kopiert werden dürfe,
wenn man vorher die rituelle Reinigung vollzogen hat, und
wenn man jemand auffordert, den Koran zu rezitieren, wird
man fragen: „Hast du auch die Waschung vollzogen? D. h.,
bist du rituell rein?" Das gilt für jede Verwendung des Korans,
und deshalb dürfen Frauen, die ihre Tage haben, oder Wöch-
nerinnen nicht das rituelle Gebet verrichten oder den
Koran rezitieren, bis sie die große Waschung vorgenommen
haben.

Das sieht schwierig für uns aus, die wir nicht an solche
Regeln gewöhnt sind. Aber es unterstreicht die Wichtigkeit
des Korans als Schlüssel zur gesamten Kultur des Islam: Nicht
der Prophet steht im Mittelpunkt, sondern das Wort Gottes.
Man hat mit Recht gesagt, der entscheidende Unterschied
zwischen Islam und Christentum sei, daß im Christentum das
göttliche Wort, der *logos*, MENSCH geworden sei, während
im Islam das göttliche Wort BUCH geworden ist. Deshalb ist
auch die Beschmutzung oder Vernichtung eines Koranexem-
plars (und zwar des Originals; Übersetzungen fallen nicht
unter diese Kategorie) strafbar, und wenn jemand behauptet,
man müsse den Koran abschaffen, so klingt das für den

38

Muslim so, als sage man in christlicher Umgebung, man müsse Jesus Christus abschaffen.

„Jetzt verstehe ich besser die Proteste gegen Leute, die den Koran kritisieren", sagt Maria. „Aber es stehen doch viele Dinge drin, die wir heute gar nicht mehr verstehen! So kam es mir wenigstens vor, als ich versucht habe, drin zu lesen."

Sicher gibt es manches, das unserem Verständnis schwer zugänglich ist, aber man muß bedenken, daß sehr vieles, was im Islam für uns so schwer verständlich ist, sich erst im Lauf der Jahrhunderte durch die sich immer mehr verengenden Auslegungen entwickelt hat. Das Verschleierungsverbot in seiner strengen Form findet man z. B. nicht im Koran; es wird lediglich den Frauen des Propheten gesagt, sich züchtig zu bedecken (Sure 24,31), und das war wahrscheinlich, um sie von den Sklavinnen oder Frauen aus niederen Ständen zu unterscheiden. Erst in späteren Jahrhunderten wurde die strenge Abschließung entwickelt. Und wie die Beschneidung nie im Koran erwähnt wird, weil sie offenbar allgemein üblich war, steht auch über die heute so oft gerügte Mädchenbeschneidung überhaupt nichts im Koran. Sie wird auf ein dem Propheten zugeschriebenes Wort zurückgeführt und wird eher aus volksreligiösen Gründen in einigen Gebieten – vor allem in Afrika – leider geübt.

„Aber woher sollen wir wissen, was wirklich im Koran steht und was aus der Entwicklung zu erklären ist?"

Eine Frage, die uns alle sehr bewegt! Das Traurige ist, daß sich die Auslegung vieler koranischer Gebote im Lauf der Zeit so verschärft hat, daß vieles am Islam dem modernen Nicht-Muslim (und auch vielen Muslimen) ganz absurd vorkommt, und doch sagt der Koran selbst: „Es gibt keinen Zwang im Glauben" und „Gott will es euch leicht machen und nicht erschweren" (Sure 2,256; 185), und ähnliche Formulierungen. Trotz dieser Probleme muß man sehen, daß der Koran tatsächlich die Grundlage für die islamische Zivilisation ist: Wenn ich eben die Kalligraphie erwähnte, die ausgearbeitet wurde, um das Gotteswort so schön wie möglich zu schreiben, so entwickelte sich die arabische Grammatik, um den Muslimen nicht-arabischer Herkunft, deren Zahl ja von Jahr zu Jahr wuchs, die Sprache des Korans klarer zu machen. Die Erwähnung historischer Persönlichkeiten und Ereignisse führte zur Geschichtswissenschaft, die Regeln für die Pilgerfahrt und die Feststellung der Richtung nach Mekka im Gebet machten es notwendig, Geographie und Astronomie zu kennen, und so wurde jede Wissenschaft mehr oder minder aus dem Koran abgeleitet. Auch die verschiedenen Arten, den Koran zu rezitieren, müssen wir hier erwähnen; denn die ganze Klangschönheit des heiligen Wortes soll ja den Hörern ins Gedächtnis gerufen werden, und in den letzten Jahren sind Rezitationswettbewerbe für Männer und Frauen in verschiedenen islamischen Staaten abgehalten worden. Und noch eines: Die ständige Lektüre und Rezitationen des Korans durch die Frommen haben etwas bewirkt, was der libanesische Jesuitenpater Paul Nwyia als „Koranisierung des Gedächtnisses" bezeichnet hat, d. h. der Gläubige denkt in koranischen Kategorien; und wenn man einmal irgendwelche klassischen Texte in einer der islamischen Sprachen – Arabisch, Persisch, Türkisch, Urdu, Sindhi oder Suaheli, um nur die wichtigsten zu nennen – gelesen hat, wird man immer wieder Anspielungen auf koranische Personen und Daten finden, Daten, die dem Uneingeweihten oder demjenigen, der den Koran nur in Übersetzung liest, unbekannt bleiben. Es ist oft nur ein einziges Wort, das dem Frommen eine ganze Welt auftut. Wir waren ja auch früher – vor allem im Protestantismus – so bibelfest, daß sich Anspielungen auf ein biblisches Wort an den unerwartetsten Stellen finden. Im Islam war das noch stärker.

„Aber wie kommt es, daß die Interpretationen des Korans so unterschiedlich sind?"

Das kann man auch bei Bibelinterpretationen sehen. Jede Zeit und jede theologische Strömung lesen ein heiliges Buch anders, und so kann man sagen, daß sich die ganze Kulturgeschichte des Islams in den verschiedenen Auslegungen des Korans spiegelt. Die Schiiten verstehen manche Verse anders als die Sunniten und behaupten, daß der Kalif ᶜOthman viele Verse ausgelassen hat, die sich auf die Familie des Propheten beziehen; die Mystiker haben ihre ganz eigenen Interpretationen. Wenn man behauptet, ein früher Mystiker habe für jeden Vers des Korans 7000 Auslegungen gekannt, so darf man das wohl als Übertreibung ansehen; aber es zeigt, daß man das Gotteswort in immer tieferen Dimensionen verstehen wollte. Dem Propheten selbst wird die Aussage zugeschrieben, der Koran habe sieben Schichten des Verständnisses, die sich nur dem geduldigen Leser erschließen, und vielleicht am schönsten hat der große persische Mystiker Rumi das Geheimnis des Korans ausgedrückt, wenn er schreibt:

DER KORAN IST EIN DOPPELSEITIGER BROKAT. EINIGE GENIESSEN DIE EINE SEITE, ANDERE DIE ANDERE. BEIDE SIND WAHR UND RICHTIG, DA GOTT DER ERHABENE WÜNSCHT, DASS BEIDE GRUPPEN DAVON NUTZEN ZIEHEN. EBENSO HAT EINE FRAU EINEN EHEMANN UND EINEN SÄUGLING; JEDER DER BEIDEN GENIESST SIE ANDERS. DAS VERGNÜGEN DES KINDES LIEGT IN IHRER MILCH UND IHRER BRUST; DAS VERGNÜGEN DES MANNES IN SCHLAF UND KUSS UND UMARMUNG. MANCHE MENSCHEN SIND KINDER AUF DEM WEGE UND MILCHTRINKER, DIE GENIESSEN DEN ÄUSSEREN SINN DES KORANS. ABER DIEJENIGEN, DIE WAHRE MÄNNER SIND, KENNEN EINEN ANDEREN GENUSS UND EIN ANDERES VERSTÄNDNIS FÜR DIE INNEREN BEDEUTUNGEN DES KORANS.

Man kann sich vorstellen, daß die Begegnung der Muslime mit der europäischen Welt, wie sie vor allem zunächst durch die Kolonialmächte geschah, zu neuen Interpretationsversuchen führte, und manche bemühten sich, nun die darwinsche Entwicklungslehre, die im 19. Jahrhundert vor allem in Britisch-Indien so stark betont wurde, auch im Koran zu finden. Jetzt versuchen manche, auch Hinweise des Korans auf Atombomben oder Ökologie zu finden, wobei man natürlich nicht übersehen darf, daß sich viele koranische Worte sehr gut auf moderne Verhältnisse anwenden lassen. Wäre das koranische Wort „Verderbet nicht die Erde, nachdem sie in Ordnung gebracht war" (Sure 7,56) nicht ein gutes Motto für Umweltschützer?

Aber natürlich ist es für die Muslime schwierig, moderne Entwicklungen wörtlich aus dem heiligen Buch abzuleiten, und man kann nur immer wieder betonen, daß eine Offenbarung kein Lehrbuch der Naturwissenschaften oder der Wirtschaftswissenschaften ist, sondern daß die ethische Haltung das Entscheidende ist. Modernisten haben auf diese Rolle des Korans hingewiesen, und deshalb behauptet man, wie es Iqbal tat, daß, wenn der Koran wirklich Gottes Wort ist, die Möglichkeiten seiner Auslegungen unendlich sein müssen, weil Gott unendlich ist. Immer neue Möglichkeiten ergeben sich dem, der mit sehenden Augen liest, mit verstehenden Ohren hört. Und werden nicht alle Verse des Korans *ayāt* genannt, das heißt „Zeichen", durch die sich Gott, oder zumindest Sein Wille, zu erkennen gibt?

4. Der Prophet Muhammad

„Was sagen Sie denn eigentlich zu Muhammad?" fragt Christian. „Ich weiß nicht, mir fällt es schwer, da einen Propheten zu sehen, und wie kann überhaupt ein Prophet noch nach Jesus auftreten?"

Sie fragen jetzt so, wie man jahrhundertelang gefragt hat, und Sie kennen ja auch die Anschuldigungen, die das christliche Mittelalter (und nicht nur das Mittelalter!), gegen Muhammad ausgesprochen hat. Lügenprophet, bestenfalls Häretiker, sinnlich, verschlagener Politiker – all das ist ja x-mal wiederholt worden. Wollen Sie nun wissen, was fromme Muslime über ihn denken?

„Natürlich, das ist es ja gerade!"

Zunächst einmal die äußeren Daten: Muhammad wurde 570 in Mekka geboren, in der Sippe Haschim aus der guten Familie der Quraisch. Sein Vater starb vor seiner Geburt, seine Mutter, als er etwa 6 Jahre alt war. Wie so viele seiner Landsleute wurde der junge Mann Kaufmann und gewann die Achtung seiner Dienstherrin Chadidscha, die um etliches älter als er war, und die verwitwete Frau trug ihm die Ehe an. Dieser Ehe entsprossen vier Töchter und ein oder zwei Söhne, die aber bald starben. Chadidscha war es, die ihren Gatten tröstete, als er beim Meditieren in der Höhle Hira die ersten Stimmen vernahm, die erste Offenbarung, die sie als göttlich, nicht dämonisch, erkannte. Nach einer Pause wiederholten sich die Auditionen, und langsam folgte eine auf die andere. Muhammad wurde damit berufen, seinem Volk zu predigen, wie die Propheten früherer Völker ihnen gepredigt hatten; das drohende Strafgericht, die Pflicht zum Wohltun, Glauben an einen Gott, Auferstehung der Toten, das waren die Themen, die ihm gegeben wurden, die doch von den Mekkanern nur belächelt wurden. Trotzdem scharte sich eine kleine Gruppe um ihn. Im Jahr 615 wanderten einige seiner Anhänger nach Äthiopien aus, wo der christliche Negus ihnen Gastfreundschaft gewährte. Chadidscha starb 619, im gleichen Jahr wie Muhammads Onkel Abu Talib, der ihn immer geschützt hatte, so wenig er auch zu seinem Anhänger wurde. Damit verschlechterte sich seine Lage. Es traf sich aber, daß eine Gruppe von Männern aus der nördlich gelegenen Stadt Yathrib zur Pilgerfahrt kam und Muhammad einlud, die Spannungen in ihrer Stadt mit politischer Weisheit zu lösen; er schickte seine Getreuen voraus und folgte als letzter, zusammen mit seinem Freund Abu Bakr im Sommer 622. Das ist die berühmte *hidschra*, ein Wort, das man meist als „Flucht" übersetzt, das aber eigentlich das „Abschneiden der Verbindungen" bedeutet. In Yathrib, bald *madīnat an-nabī*, „Stadt des Propheten" genannt (kurz Medina), versuchte er, die ihm offenbarten Ideale in die Praxis umzusetzen, und neue Offenbarungen leiteten ihn dabei. Die jüdische Gemeinde Medinas allerdings lehnte seine Offenbarungen ab, weil ihr Inhalt dem der Tora nicht glich. Und wenn sich die Muslime beim Gebet bis dahin nach Jerusalem gewendet hatten, dem Ort, der ihnen und Christen und Juden gemeinsam heilig war, so wurde nun die Gebetsrichtung nach Mekka festgesetzt (Sure 2,136). Jerusalem aber, von frommen Legenden umwoben, ist immer noch die drittheiligste Stadt des Islam – und hier liegt ein wichtiger Grund für die negative Haltung zu Israel.

Je länger je mehr fühlte sich Muhammad als Wiederhersteller der ursprünglichen Religion Abrahams. 624 nahm der Prophet die Gelegenheit wahr, einen Trupp Mekkaner anzugreifen, obgleich es ein Friedensmonat war; in der Schlacht bei Badr siegte das kleine muslimische Heer über die mekkanische Übermacht. Ein Jahr später kam es zu einer Schlacht beim Berg Uhud, in der die Mekkaner zwar siegten, aber den Sieg nicht ausnutzten. Ihr Versuch, Medina einzunehmen, scheiterte 627 daran, daß ein persischer Muslim, Salman al-Farisi, einen Graben um Medina ziehen ließ; die Mekkaner, nicht an Belagerungstechnik gewöhnt, zogen nach einer Weile ab. Die Muslime wandten sich nun gegen drei jüdische Stämme, die sich bei den Kämpfen nicht loyal gezeigt hatten; ihre Ortschaften wurden erobert, die Männer getötet, die Frauen und Kinder gefangen. Im folgenden Jahr gelang es Muhammad, einen Besuch in Mekka zu machen, und ein Vertrag wurde geschlossen, der ihm erlaubte, später die Wallfahrt durchzuführen. Endlich, nach weiteren Verhandlungen und Scharmützeln, zog er 630 siegreich in seiner Heimatstadt ein, deren Einwohner nun den Islam annahmen. Zwei Jahre später starb er in Medina im Haus seiner jungen Lieblingsfrau ᶜA'ischa, Abu Bakrs Tochter, nachdem er bei der Wallfahrt noch alle Regeln für die künftigen Wallfahrten festgelegt hatte.

„Und wie war das mit seinen Frauen?" fragt Christian.

Nach 25jähriger, sehr glücklicher Ehe mit Chadidscha heiratete Muhammad eine Anzahl von Frauen, teils Witwen, teils Geschiedene; die blutjunge ᶜA'ischa war die einzige Jungfrau unter ihnen. Eine koptische Sklavin, die ihm der Patriarch von Ägypten geschenkt hatte, gebar ihm einen Sohn, der aber bald starb. Die anderen Frauen hatten keine Kinder. Fatima, seine einzige überlebende Tochter, mit seinem Vetter ᶜAli verheiratet, hatte zwei Söhne und einige Töchter. Die Legende schreibt Muhammad große sexuelle Kraft zu; das war ein hohes Lob in damaliger Zeit, wurde aber verständlicherweise von den asketisch-zölibatären Christen als eher anstößig angesehen. Berühmt ist Muhammads Wort: „Gott hat mir lieb gemacht von eurer Welt Frauen und Wohlgeruch, und mein Augentrost ist im Gebet", ein Wort, das vor allem in der Mystik eine große Rolle spielt, und die Neigung der Muslime, sich mit Düften zu umgeben; die Freude an Wohlgerüchen in der islamischen Welt ist ja bekannt – wir sprechen heute noch von den „Wohlgerüchen Arabiens". Von Muhammad sagt die Legende, sein Schweiß habe so geduftet, daß die Frauen ihn als Parfum verwendeten ...

„Da sind wir ja schon bei den Legenden!" ruft Christian. „Haben Sie da einige zu erzählen?"

Sehr viele sogar, denn um einen großen und verehrten Menschen ranken sich bald, oft schon zu seinen Lebzeiten, Legenden. Muhammad, der nie behauptete, Wunder zu tun – der Koran war das ihm gegebene Beglaubigungswunder –, wurde im Volksglauben bald von Wundern umgeben: Die Tiere huldigten ihm und legten Zeugnis für ihn ab; der Palmstamm, auf den er sich beim Predigen gestützt hatte, seufzte, als er nicht mehr gebraucht wurde, weil man eine Kanzel errichtete, und aus koranischen Andeutungen entstanden schon sehr früh lange Erzählungen, wie die von seiner Himmelsreise, die man aus dem Anfang von Sure 17 herausspann: „Gelobt sei, der des nachts mit Seinem Diener reiste von der heiligen Moschee zur fernsten Moschee." Es wird berichtet, eines Nachts habe Gabriel ein seltsames geflügeltes Reittier, den Buraq, gebracht, auf dem der Prophet zunächst nach Jerusalem gereist sei, wo er mit allen ihm vorausgegangenen Propheten das Gebet verrichtete. Dann gelangte er durch die verschiedenen Himmelssphären schließlich in die unmittelbare göttliche Gegenwart.

Hier setzen neue Legenden ein; nach einer Tradition wurde bei dieser Gelegenheit die Zahl der täglichen Gebete festgesetzt, die schließlich von fünfzig auf fünf heruntergehandelt wurden (wenn man ein solch profanes Wort für eine himmlische Angelegenheit verwenden kann). Eine andere Legende weiß, daß Gott dem Propheten versprach, ihn als Fürbitter für seine Gemeinde am Jüngsten Tag zu erhören, und der Glaube an seine Fürsprache hat ungezählte Muslime getröstet, wenn sie an die Schrecken der Auferstehung dachten.

In zahlreichen Miniaturen haben die Maler Irans die Himmelsreise des Propheten dargestellt, wie er auf seinem Buraq durch die Himmel fliegt, und Buraq selbst wurde in vielen Ländern zu einer Art Talisman; sein Bild erscheint auf Lastwagen in Pakistan ebenso wie auf Amuletten in Westafrika, und die Dichter haben das himmlische Reittier in immer farbenprächtigeren Bildern beschrieben.

Eine der schönsten Legenden, die sich um die nächtliche Himmelsreise gebildet haben, ist die, daß der duftende

Schweiß des Propheten aus den himmlischen Höhen zur Erde gefallen sei, wo die Tropfen zu Rosen wurden – so trägt jede Rose seinen Duft.

„Das ist aber eine romantische Fabel", meint Christian. „Also wenn ich nächstens an einer Rose rieche, denke ich an den Duft Muhammads!"

Um so mehr, als der indo-pakistanische Dichter Iqbal die islamische Gemeinde mit einer hundertblättrigen Rose verglichen hat, deren Duft der Prophet ist, der allen gemeinsam ist. Aber damit ist es noch lange nicht zu Ende. Am Anfang seiner Laufbahn stand die „Öffnung der Brust", denn zu Beginn von Sure 94 steht: „Haben Wir dir nicht die Brust geöffnet (oder ausgedehnt)?" Es heißt nun: Als Muhammad als Kind bei seiner Amme war, wurde er fortgetragen, lichtvolle Wesen öffneten ihm die Brust, nahmen einen kleinen schwarzen Punkt aus seinem Herzen, reinigten es mit kühlenden Gewässern und entließen ihn. Das ist natürlich eine typische Initiationslegende, denn der künftige Prophet *muß* ganz rein sein.

Und aus dem ersten Satz von Sure 54 „Die Stunde nahte, und der Mond wurde gespalten" schloß man, daß Muhammad mit seinem Finger den Mond gespalten habe, um den ungläubigen Mekkanern einen Beweis für seine Sendung als Prophet zu geben. Muhammad wird im Koran auch als *ummī* bezeichnet; das bedeutet zunächst der zur *umma*, der Gemeinde, Gesandte, d. h. zu den Arabern, die – im Gegensatz zu Juden und Christen –, noch kaum mit Propheten gesegnet worden waren; aber später verstand man das Wort als „Analphabet", denn wenn Muhammad den Koran, das göttliche Wort, wirklich ganz unverfälscht den Menschen bringen sollte, durfte sein Geist durch solche intellektuellen Dinge wie Lesen und Schreiben nicht befleckt sein; das göttliche Wort darf nur durch ein reines Gefäß in die Welt gebracht werden – daher im Christentum auch das Dogma von der Jungfrauengeburt, denn in Jesus ist das Gotteswort ja Mensch geworden und brauchte ein reines Gefäß.

„Das ist ja interessant!" ruft Christian. „Aber ist das nicht ein bißchen zu hoch für den einfachen Gläubigen?"

Sicher, ich erkläre es hier ja auch als Religionshistorikerin, aber der Vergleich hilft uns doch, vieles in der Entwicklung der Muhammad-Verehrung zu verstehen. Dann muß man auch daran denken, daß nach dem Koran Muhammad als „Erbarmung für die Welten" (Sure 21,107) gesandt ist; ja, daß auch sein Name Segen bringt. Eine Überlieferung sagt, daß jeder, der Muhammad heißt, ins Paradies eingehen werde. Deshalb haben wir die ungezählten *Muhammads* oder in türkischer Aussprache *Mehmets*, ebenso wie die vielen Männer, die mit einem der zahlreichen anderen Namen des Propheten wie *Ahmad* oder *Mustafa* benannt sind. Auch koranische Worte, wie die Namen von Sure 20, *Ṭāhā*, und Sure 36, *Yāsīn*, werden als Eigennamen für ihn verwendet, und viele haben vielleicht

schon einmal den Namen des großen ägyptischen Reform-
theologen Muhammad Abduh gelesen.

cabduhu heißt „Sein", nämlich „Gottes" Diener, und jeder
Mensch wird als *cabd*, „Diener" Gottes, bezeichnet. Das Wort
cabduhu kommt im Koran an zwei wichtigen Stellen als Bezeichnung Muhammads vor; nämlich bei der Andeutung der
Himmelsreise des Propheten (Sure 17,1) und bei der Beschreibung seiner großen Vision in Sure 53. Für den Muslim bedeutet das, daß der Prophet bei seinen höchsten geistigen Erfahrungen als „Gottes Diener" bezeichnet wird und daß dies
daher die höchste Stufe ist, die der Mensch erreichen kann.
Damit haben Sie also gleich eine Definition des Menschen-
bildes im Koran.

*„Gibt es eigentlich auch Bilder vom Propheten, so wie bei uns
von Maria oder Jesus?"*

Nein, man sollte ja Menschendarstellungen vermeiden, und
wenn es im Mittelalter in einigen historischen Handschriften
„naturalistische" Darstellungen des Propheten gibt, so wurde
ihm bald ein zarter Schleier über das Gesicht gezogen, und
heutzutage gilt sogar solch eine Darstellung schon als verboten; man wird nämlich immer strenger! – Aber wir haben so
etwas wie verbale Bilder; seine guten körperlichen und seelischen Eigenschaften, wie sie in den Traditionen aufgezählt
sind, wurden von den Kalligraphen kunstvoll geschrieben,
und man kann, vor allem in der Türkei, schöne Drucke mit
dieser sogenannten *ḥilya* finden, die man sich um des Segens
willen ins Zimmer hängt, so wie der Christ ein Christus- oder
Madonnenbild.

Unter dem Einfluß der Mystiker wurde der Prophet zum
Lichtwesen, das keine Schatten wirft; er war das erste, was erschaffen wurde, ja, nur um seinetwillen sind Himmel und
Erde geschaffen, wie ein außerkoranisches Gotteswort sagt.
Er ist Gottes Geliebter, und die Schönheit und Weisheit aller
vorausgegangenen Propheten ist in ihm vereint. Das Zeichen
zwischen seinen Schultern, eine etwa taubeneigroße Ge-
schwulst, zeigte auch äußerlich, daß er das Siegel der Prophe-

ten (Sure 33,40) ist, der letzte in der Reihe der Gottgesandten, nach dem kein gesetzgebender Prophet mehr erscheinen wird. Deswegen werden bis heute alle, die sich eine prophetische Stellung anzumaßen scheinen, mit ihren Anhängern oft grausam verfolgt. Denken Sie an die Bahais, deren Religion sich im 19. Jahrhundert aus schiitischen Strömungen entwickelte, oder an die Ahmadiyya, deren Gründer im späten 19. Jahrhundert beschuldigt wurde, als eine Art Prophet gewirkt zu haben – obgleich die Ahmadis durch ihre internationale Propaganda viel zur Verbreitung des Islam getan haben.

„Ja, ich kenne eine Bahai-Familie, die hat mir davon erzählt, und ich wußte nie, warum diese so friedfertigen Menschen so verfolgt werden ..."

Das ist in der Tat ein großes Problem, das uns alle sehr bekümmert. Aber kehren wir nochmals zu Muhammad zurück. Er ist nach islamischer Auffassung vor Irrtum und Sünde geschützt, denn er ist ein „schönes Beispiel" (Sure 33,45) für seine Gemeinde. So *kann* er nicht gesündigt haben, weil ja sonst Sündigen auch verpflichtend für seine Gemeinde wäre! Denn der Gläubige ist verpflichtet, ihn so weit wie möglich in seinen Handlungen nachzuahmen, seiner *sunna*, „Gewohnheit", zu folgen, und ob der Prophet nun oft Worte oder Handlungen dreimal wiederholte, mit dem rechten Fuß einen Raum betrat oder gern Gurken aß – man versuchte, es ihm nachzutun. Ein frommer indischer Muslim weigerte sich z. B., die Lieblingsfrucht der Inder, Mango, zu essen, weil es keine Überlieferung gab, wie der Prophet sie gegessen hatte! Diese Nachahmung Muhammads hat weithin das Bild einer einheitlichen muslimischen Haltung geprägt. Was immer der Prophet tat, wurde genau beobachtet und weitererzählt, und die sogenannten *ḥadīth*, „Überlieferungen", geben ein buntes Bild von seinem täglichen Leben. Es war natürlich nicht zu vermeiden, daß im Laufe der Zeit viele *ḥadīth* einflossen, die eher die Ideen der Gläubigen an diesem oder jenem Zeitpunkt widerspiegelten als die historische Wahrheit. Wir wissen ja selbst, wie rasch einem berühmten Menschen Worte in den

Mund gelegt werden, von denen er selbst gar keine Ahnung hat!

„Aber wie kann man denn überhaupt feststellen, ob er etwas wirklich gesagt oder getan hat?"

Um den Wahrheitsgehalt dieser ḥadīth festzustellen, wurde eine gründliche Siebung durchgeführt: Man kontrollierte die Kette, isnād, die vom gegenwärtigen Erzähler bis zum Propheten oder einem seiner Getreuen führte: „A sagte, ich hörte von B, der sagte, ich hörte von C, der sagte, mein Vater hat mir erzählt, daß E von F gehört hatte, der Prophet habe gerne Honig gegessen." Die Zuverlässigkeit der Tradenten, unter denen es übrigens auch eine ganze Anzahl Frauen gab, wurde geprüft: Konnte E den F wirklich getroffen haben, oder lebte er später als er, und so weiter. So schuf man ein Corpus von für vertrauenswürdig gehaltenen Überlieferungen, das im ausgehenden 9. Jahrhundert kodifiziert wurde. Die beiden berühmtesten Sammlungen von nach Meinung ihrer Sammler unbedingt echten Überlieferungen, die man als ṣaḥīḥ, „gesund", bezeichnet, wurden von Buchari (gest. 870) und Muslim (gest. 875) zusammengestellt. Bucharis Werk steht für die Frommen nur dem Koran an Wichtigkeit nach und ist immer wieder kommentiert worden. Später wurden Sammlungen bestimmter ḥadīth zusammengestellt; viele Fromme wählten z. B. 40 ḥadīth aus, sagen wir „über das Schreiben", oder von 40 Männern aus der gleichen Stadt usw. Aber es gab auch Kritiker, und im späten 19. Jahrhundert wurde die Überlieferung der Traditionen von einem indischen Muslim stark angegriffen, fast zur gleichen Zeit, als in Europa Ignaz Goldziher sich zu zeigen bemühte, daß viele der dem Propheten zugeschriebenen Worte und Taten in Wirklichkeit die verschiedenen politischen und religiösen Strömungen der Frühzeit widerspiegeln. Heute gibt es unter den Muslimen solche, die alle oder viele ḥadīth ablehnen, weil sie meinen, darin seien alte, jetzt nicht mehr zutreffende Zustände festgeschrieben worden; andere wieder halten alle „gesunden" ḥadīth für bindend für den Muslim, und wieder andere, wie der pakistanische Modernist Fazlur Rahman, meinen, die ḥadīthe spiegelten die Art wider, wie die frühen Muslime ihre Religion und Lebensordnung verstanden; der moderne Mensch solle sie deshalb entsprechend unserem Zeitverständnis auslegen. Aber dagegen haben sich auch wieder die Altgläubigen gewehrt.

„Woher soll aber ein Mensch wissen, was aus dem Koran stammt und was vom Propheten?"

Das war anfangs auch die Sorge der Frommen, die deshalb die Worte des Propheten nicht aufschreiben wollten, damit es ja keine Verwechslung gibt. Aber es ist ganz einfach: Im arabischen Text wird das Koranzitat mit den Worten *qāla taᶜālā,* „der Erhabene sprach", eingeleitet, das *ḥadīth* mit „der Prophet, Gott segne ihn und gebe ihm Heil, sagte". Diese oder eine entsprechende Segensformel sollte der Muslim übrigens jedesmal verwenden, wenn er den Namen des Propheten erwähnt, denn der Koran sagt ja, daß „Gott und die Engel den Propheten segnen" (Sure 33,56), und der Mensch stimmt in diesen Segen ein. Ich kenne Fromme, die jede wichtige Handlung nicht nur mit der *basmala,* d. h. den Worten „Im Namen Gottes", sondern auch mit der Segensformel „Gott, segne Muhammad, Deinen Diener und Gesandten und seine reine Familie und seine Gefährten!" einleiten. Denn man glaubt, der Prophet werde dadurch erfreut und komme auch zu einer Andachtsversammlung, wo der Segen oft über ihn gesprochen wird.

„Gibt es eigentlich auch Reliquien von ihm?"

Ja, obgleich die Orthodoxie dem Reliquienkult – sei es beim Propheten, sei es bei den Gottesfreunden – nicht sehr freundlich gegenübersteht – wie auch oft die nach ihrer Meinung übertriebene Verehrung des Propheten nicht legitim ist, denn nicht er, sondern der Koran ist der Mittelpunkt des Islam. Aber schon früh glaubte man, Muhammads Haar sei voller Segenskraft, denn das Haar ist ja in allen Religionen Träger einer übernatürlichen Macht, und wir wissen, daß bereits in der ersten Zeit des Islam mancher Fromme sich ein Haar von ihm in den Turban steckte, um dadurch geschützt zu werden. Der Ausruf „Beim Barte des Propheten!", den wir aus der Märchenliteratur kennen, deutet darauf hin; denn man schwört ja bei dem, was einem am wertvollsten ist. Manche Fromme glauben sogar, daß seine Haare wachsen und sich vermehren können, weil ja der Prophet in seinem Grab in Medina noch lebendig ist, und Sie erinnern sich vielleicht an die Proteste, als ein solches Haar in der Moschee in Srinagar in Kaschmir verschwand. Dort gibt es eine schöne moderne Moschee, genannt *Hazratbal*, „das ehrwürdige Haar". In vielen Orten dürfen Frauen oder Nicht-Muslime solch eine Reliquie, die in einem feinen Glasschrein aufbewahrt und in duftende Seidentücher gewickelt ist, nicht sehen und ein solches Heiligtum nicht betreten. Auch Muhammads Kleidung, vor allem die *burda*, das jemenitische gestreifte Gewand, das er einmal einem Dichter überwarf, um ihm dadurch seine Verzeihung zu zeigen, gehört hierher. Sowohl in Istanbul als auch in Kandahar in Afghanistan findet man die *chirqa-i scharīf*, den „edlen Mantel" – denn alles, was mit ihm zusammenhängt, trägt das Beiwort *scharīf*, „edel". Auch seine Sandalen wurden sehr verehrt; es gibt zahlreiche Gedichte über deren Segenskraft, und mancherorts findet man sogar Zeichnungen solcher Sandalen.

„Sie sagen, alles, was mit Muhammad zusammenhängt, werde scharīf *genannt", unterbricht Christian. „Hat das etwas mit den Scherifen von Marokko zu tun, von denen man manchmal liest?"*

Ja, ein *scharīf* ist ein Nachkomme Muhammads durch seine Tochter Fatima. Noch häufiger wird den Nachfahren der Titel *sayyid*, „Herr", gegeben, und in vielen Gebieten, vor allem im östlichen Bereich des Islams, sind *sayyids* besonderen Tabus ausgesetzt: Ein *sayyid*-Mädchen darf keinen Nicht-*sayyid* heiraten, eine Regel, die sich allerdings langsam lockert. Auch sonst sind die *sayyid*-Damen oft strenger abgeschirmt als die anderen Frauen, da sie ja den Gattinnen des Propheten näherstehen; daher sollen die koranischen Gebote für die Frauen des

Propheten für sie sogar noch in verschärfter Form Geltung haben.

„Wenn Muhammad eine solche Stellung im Glauben einnimmt und ihm so viele Wunder zugeschrieben werden, gilt das auch für unsere Zeit?"

Natürlich, die Beleidigung eines Propheten und insbesondere Muhammads, des Gottgesandten par excellence, ist strafbar, und wenige Menschen können sich vorstellen, wie tief die Liebe der Muslime zum Propheten ist, der der rechtleitende Führer seiner Gemeinde ist und auf dessen Fürsprache seine Gemeinde beim Jüngsten Gericht vertraut. Ich sagte ja schon, daß er sich der Legende nach das Recht zur Fürsprache bei seiner nächtlichen Reise in Gottes Gegenwart erbeten haben soll. Während aber in früheren Zeiten seine Wunder und seine lichtvolle Existenz in immer enthusiastischeren Beschreibungen besungen wurden, betont man in der Neuzeit mehr seine Rolle als Staatsbegründer, als Politiker, als Reformer, der die unzivilisierten Beduinen erzog, als Sozialpolitiker, der Gleichheit unter den Gläubigen einführte, eine Gleichheit, in der Frömmigkeit, nicht Geld oder Macht zählt. Man kann finden, daß Muhammad je nach der politischen Stellung eines Autors als Kommunist oder als „Imam des Sozialismus" bezeichnet wird, in jedem Fall aber als jemand, der mit den ererbten Vorstellungen brach und durch die von ihm verkündeten Lehren einen modernen Menschentyp schuf. Gerade Iqbal hat ein facettenreiches Bild des Propheten in seiner Dichtung und Prosa gezeichnet und geht so weit, daß er sagt: „Du kannst Gott leugnen, aber nicht den Propheten."

Iqbal meinte damit wohl, daß der Prophet der sichtbare Verkünder des göttlichen Willens ist, den man in seiner historischen Aufgabe unbedingt anerkennen muß. Solche Gedanken sind für Menschen, die seit Jahrhunderten mit einem negativen Muhammad-Bild konfrontiert werden, schwer nachzuvollziehen, aber ich glaube, wir sollten hier wie auch sonst die Glaubensvorstellungen unserer muslimischen Freunde etwas besser zu verstehen suchen.

„Ach ja", wirft Christian ein, „der Grund, weshalb ich nach Muhammad gefragt habe, war, daß meine türkischen Mitarbeiter in 14 Tagen den Geburtstag des Propheten feiern und mich einladen wollten. Da bin ich doch neugierig geworden. Soll ich hingehen?"

Natürlich! Ein *mevlūt* (arabisch *maulud*), wie das Geburtsfest genannt wird, ist immer schön. Sie werden dann wahrscheinlich eine Rezitation des berühmten türkischen Gedichtes von Süleyman Çelebi hören, das die mit der Geburt Muhammads zusammenhängenden Wunder in ganz einfachen Worten besingt. Seit dem frühen 15. Jahrhundert hat man in der Türkei diese schlichten Verse gesungen, und es gibt Übersetzungen auch in den Balkansprachen.

„Wir haben jetzt April. Dann wäre sein Geburtstag an einem 17. April ..."

Nein, Sie irren. Der Geburtstag wird nach dem Mondkalender gefeiert, der mit der Hidschra 622 beginnt. Der Geburtstag fällt auf den 12. *Rabic ul-awwal*, den dritten Mondmonat, und verschiebt sich daher jedes Jahr um 10 bis 11 Tage, weil das Mondjahr nur 354 Tage hat. Übrigens ist dieser Tag eigentlich der Todestag des Propheten, und in manchen Gebieten begeht man ihn auch als Trauertag. Aber schon im 13. Jahrhundert hört man von festlichen Umzügen und Illuminationen an diesem Tag, und bis heute erleuchtet man Moscheen und Minarette. Die modernen Muslime – ich deutete das ja schon an – wollen nicht so gern die romantischen Lieder hören, in denen die Wunder bei Muhammads Geburt besungen werden, sondern ziehen mehr praktisch und politisch ausgerichtete Feiern vor ...

5. Das „größere Glaubensbekenntnis"

„Sehen Sie mal, was mir jemand aus der Türkei mitgebracht hat", ruft Maria. „Das ist ein ganz sonderbares Bild!"

Das ist das *amentu gemisi*, d. h. im Türkischen „Das Schiff des *amantu*", d. h. „ich glaube". Es besteht aus der längeren Formel des Glaubensbekenntnisses, die aus dem Koran (Sure 2,285) entwickelt wurde, und besagt: „Ich glaube an Gott, an Seine Bücher, an Seine Propheten, an den Jüngsten Tag und daß das, was mich treffen soll, mich nicht verfehlen kann und Gutes und Böses beides von Gott kommt." Du siehst, die langen Unterlängen sind der Buchstabe *w*, das ist „und" im Arabischen, und der Künstler hat die Formel so geschrieben, als sei sie ein Boot, ein Rettungsboot nämlich, das den Menschen, der an diese Dinge glaubt, ins Paradies bringt; das wiederholte „und" dient dabei als Ruder.

„Das ist ja eine tolle Idee", sagt Maria entzückt und be-
trachtet das Bildchen gründlich, als könne sie die Schrift ent-
ziffern. „Aber was bedeuten die einzelnen Glaubenssätze?"
fragt sie dann – „ich glaube an Gott, nun, das verstehe ich.
Darüber haben wir ja schon mal gesprochen! Aber ist es
eigentlich nicht merkwürdig, daß erst die Bücher kommen
und dann die Propheten?"

Nein, nicht vom islamischen Standpunkt aus. Gott offenbart
Seinen Willen ja durch das Wort, und die vier heiligen Bücher,
die Tora, die Psalmen und das Evangelium, und abschließend
der Koran, enthalten das, was Gott den Menschen an Geboten,
Verboten und Verhaltensregeln mitteilen wollte. Die Propheten sind nur die Überbringer des Wortes, also Gefäße. Diejenigen Nicht-Muslime, die ein offenbartes Buch besitzen,
werden im Koran als *ahl al-kitāb*, „Leute des Buches", bezeichnet, und sie genießen Sonderrechte. Zu den Juden und
Christen wurden die Sabier, eine kleine Religionsgemeinschaft in Nordsyrien, gezählt, dann kamen noch die Zoroastrier in Iran dazu; schließlich wurden in Indien die Hindus
und Buddhisten bei der Eroberung Sinds, das ist die südliche
Provinz des heutigen Pakistan, ihnen gleichgestellt. Das hat
nämlich besondere juristische Vorteile.

„Also gibt es nur vier wirklich heilige Bücher?"

Ja, im Grunde sagen alle dasselbe, weil Gott immer die
gleichen Vorschriften gegeben hat, aber, wie der Koran erwähnt (Sure 2,73; 3,72 u. a.), Juden und Christen haben ihre
Schriften geändert, verfälscht; deshalb bringt der Koran die
echte ursprüngliche Offenbarung wieder, und man kann sich
denken, mit welcher Freude die muslimischen Gebildeten er-
fuhren, daß die moderne Bibelkritik Unstimmigkeiten im
Alten und Neuen Testament nachgewiesen hat, sahen sie das
doch als Beweis für die koranische Lehre von der Verfälschung
der Schriften durch Juden und Christen an!

„Aber legen sie denn selbst auch solche Maßstäbe an den
Koran an, ich meine, eine historische Kritik oder so?"

Nein, eine kritische Analyse des Korans wird für unmöglich gehalten, weil das ja Gottes direkte Rede ist, die so, wie wir sie heute lesen, schon seit Urewigkeit vorgelegen hat. Daher ist man jedem Versuch von Kritik, selbst von Literaturkritik, gegenüber unnachgiebig und hält ihn für ketzerisch. Das kann zu schlimmen Auswüchsen führen, wie wir sie gerade in diesen Tagen leider beobachten können.

„Und wer sind die Propheten? Sind das die, die wir auch aus dem Alten Testament kennen?"

Nein, es gibt dem Koran zufolge 28 Propheten. Sie beginnen mit Adam, denn Gott hat sich nie unbezeugt gelassen, und schon Adam, der erste Mensch, den Gott aus Erde geschaffen und dem Er seinen Odem eingehaucht hatte (Sure 38,72), wird zum Zeugnis für Gottes wunderbares Wirken, ist er doch ohne Eltern ins Leben getreten. Er hat die verbotene Frucht, oder wie man im Islam denkt, das Korn, gegessen, aber im Koran steht nichts davon, daß Eva ihn verführt hätte. Das kommt erst in der späteren Überlieferung in den Geschichten der Propheten vor. Aber: Es gibt keine Erbsünde im Islam!

„Keine Erbsünde?" staunt Maria. *„Aber wie ist denn das dann mit der Erlösung?"*

Die Erlösung durch den Tod Jesu kennt der Islam nicht; wir werden gleich darauf zurückkommen. Also wieder zu Adam: Er und Eva werden aus dem Paradies vertrieben, und auf Erden beginnen sie dann ihr normales Leben mit Ackerbau und Weben. Noah, der die Arche baute, ist ein Prophet, und natürlich auch Abraham. Der ist ganz besonders wichtig, denn er wird als der erste Monotheist dargestellt, der die Götzenbilder seines Vaters verbrannte und von dem tyrannischen König Nimrod in einen riesigen Scheiterhaufen katapultiert wurde, dessen Feuer Gott aber für ihn „kühl und angenehm" machte (Sure 21,69); spätere Dichter haben gern gesagt, daß das Feuer für ihn zu einem Rosengarten geworden sei. Abraham – oft *chalīl allāh,* „Gottes Freund" genannt – hat auch die Kaaba in Mekka erbaut, und als ihm von Gott befohlen wurde, seinen

Sohn zu opfern, war er dazu bereit; dann aber wurde ein Widder vom Himmel gesandt, so daß das Menschenopfer durch ein Tieropfer ersetzt wurde – wie wir es aus der Bibel kennen. Ob der geopferte Sohn Ismail oder Isaak war, da gibt es verschiedene Auslegungen. Ismail war der Sohn Abrahams von der Hagar, und die Legende sagt, der Brunnen Zamzam bei der Kaaba sei entsprungen, um den Durst des Kindes zu stillen. Auch Isaak und Jakob erscheinen unter den Propheten, und eine ganz besondere Rolle spielt Joseph *(Yūsuf)*, dem eine ganze Sure des Korans, Sure 12, gewidmet ist. Die Josephsgeschichte wird im Koran selbst als „schönste Geschichte" bezeichnet. Sie berichtet von den Abenteuern Josephs, den seine Brüder in die Grube warfen, der nach Ägypten verkauft und dort von seiner Dienstherrin bedrängt wurde. Man kennt die Geschichte von Potiphars Weib, die in der islamischen Tradition (allerdings nicht im Koran) als Zulaicha bezeichnet wird. Zulaicha wird in der Tradition zum Symbol der sehnsüchtigen Seele, die sich nach der ewigen Schönheit sehnt, denn Yusuf ist die Verkörperung der vollkommenen Schönheit. Viele Poeten haben ihre schmerzhafte Läuterung besungen, bis sie endlich mit Yusuf vereint wird. Aber das sind Legenden, nicht im Koran enthalten. Yusuf und Zulaicha sind jedoch Lieblingsgestalten der Erzähler und Dichter geworden.

„Und wer kommt dann?"

Die wichtigste Gestalt ist Moses. Dank seiner wunderbaren Macht verwandelte sich sein Stab in eine Schlange und verschlang die zu Schlangen gewordenen Stäbe der Zauberer Pharaos. Sein Stab spaltete das Meer, und er brachte die Gesetzestafeln. Da Gott ihn durch den Brennenden Busch auf dem Sinai anredete, trägt er den Namen *kalīm allāh*, „der, zu dem Gott sprach". Er wird in der koranischen und legendären Überlieferung zum strengen Gesetzgeber, dem jedoch manchmal die Einsicht in die spirituelle Seite der Religion fehlt. Der Koran berichtet nämlich in Sure 18, wie Moses in Begleitung eines Unbekannten zum „Zusammenfluß der beiden Meere" wandert; der Unbekannte vollbringt drei scheinbar sündhafte

Taten, worauf Moses sich von ihm trennt, doch er wird über den Sinn dieser Taten belehrt. Der namenlose Begleiter wird als Chidr bezeichnet, ein Prophet-Heiliger, der vom Wasser des Lebens in der tiefsten Finsternis getrunken hat und dadurch unsterblich ist. Er taucht in der frommen Tradition als Helfer der verirrten Wanderer und Führer der Suchenden auf. Aber Moses steht immer auf der Seite des Gesetzes.

„Gibt es denn auch David oder Salomo?"

Beide erscheinen als Propheten im Koran. David ist mit einer wunderbaren Stimme begnadet, mit der er die Menschen entzückte und leitete; auch stellt er Kettenpanzer her, da jeder Prophet auch ein Handwerk kannte (Sure 21,80). Sein Sohn Salomo, *Sulaiman,* ist es, der die Sprache der Tiere, vor allem der Vögel, verstand und dem Winde und Geister gehorsam waren. Er ist sicher die romantischste Gestalt unter den Propheten, und die schönsten Legenden sind über seine Gespräche mit den Tieren, von der Ameise angefangen, erzählt worden. Auch seine Verbindung mit der Königin von Saba, die in islamischer Tradition Bilqis heißt, ist eine hochromantische Geschichte, in der der Wiedehopf, *hudhud,* als Bote diente. Wer Goethe gelesen hat, erinnert sich, daß er im *West-Östlichen Divan* vom *Hudhud* spricht. Im Sufismus, der islamischen Mystik, erscheint Salomo als geistiger Führer, der die Sprache der Seelen versteht – die Seele ist ja seit alters her gern als Vogel symbolisiert worden.

„Wen kennen wir denn noch von den Propheten? Ich denke an Jesaja oder Amos!" sagt Maria ungeduldig.

Die wird man nicht finden, dafür aber Hiob, den Leidenden, und Jonas, der vom Fisch verschlungen wurde; dann finden wir den weisen Luqman und die speziell zu arabischen Stämmen gesandten Hud und Salih. Salihs Beweiswunder war, daß er ein Kamel aus einem Felsen hervorbrachte, aber die ᶜAd töteten es und wurden dann durch eisigen Wind vernichtet, den Gott als Strafe über sie schickte. Denn jeder Prophet wurde von Gott mit einem Beweiswunder geehrt, mit dem er die zweifelnden Hörer überzeugen sollte, einem Wunder, das niemand nachahmen konnte. Das heißt arabisch *mu^cdschiza*. Der Koran ist nämlich erfüllt mit Geschichten über die früheren Propheten, die alle verfolgt und gequält wurden, aber deren Verfolger Gott strafte: So wurden sie zu Beispielen für Muhammad selbst, der sich bei der Erinnerung an ihre Geschichten stärkte, wenn die Mekkaner ihm zu sehr zusetzten.

„Nun, das ist verständlich! Aber wie geht es weiter? Wir haben noch keine 28 Propheten!"

Ja, Zacharias, den du aus der Bibel als Vater des Johannes kennst, und auch Johannes selbst sind geehrte Propheten, aber der letzte Prophet vor Muhammad und der größte aller früheren ist Jesus.

„Wieso denn das?"

Der Koran berichtet von der wunderbaren Erschaffung Jesu, als Gabriel zu der Jungfrau Maria kam, die von ihrer Mutter dem Tempel geweiht war, und durch seinen Hauch das Wort Gottes, nämlich Jesus, in sie legte – der Muslim glaubt fest an die Jungfrauengeburt! Und als die Wehen die Jungfrau überkamen, klammerte sie sich an einen verdorrten Palmbaum, der süße Datteln über sie schüttete, und als ihre Familie sie bei ihrer Rückkehr mit dem Kindchen tadelte, sprach der eben geborene Jesus in der Wiege und legte Zeugnis ab für die Reinheit seiner Mutter (Sure 19,30 ff.).

Da Maria im Islam sehr verehrt wird, kann man viele Frauen treffen, die *Maryam*, „Maria", heißen, und die angebliche Grabstätte der Jungfrau nahe Ephesus in der Türkei wird gern von frommen Türken besucht. Jesus wird dadurch gesegnet, daß er durch seinen Atem Kranke und Blinde heilen, ja sogar Tote beleben kann. Allerdings leugnet der Koran seine Kreuzigung, „nicht töteten sie ihn, und nicht kreuzigten sie ihn, nein, Gott nahm ihn zu sich", sagt Sure 4,157. An seiner Stelle wurde ein anderer gekreuzigt, während er zum Himmel erhoben wurde, wo er nun, wie die Legende erzählt, im vierten Himmel weilt. Denn da es keine Erbsünde gibt, besteht auch keine Notwendigkeit für eine Erlösung durch Jesu Opfertod. In der Frömmigkeit erscheint er als Modell der Askese, der Liebe, vor allem der Gottesliebe, und seine Milde wird immer wieder gepriesen. Für die Mystiker wird Jesus zum seelischen Teil des Menschen, und sein Esel, der in Jerusalem zurückblieb, gleicht dem Körper, der sich nicht erhebt. Es heißt auch, Jesus werde vor dem Jüngsten Gericht wiederkommen und die Erde vom Bösen befreien ...

„Also Jesus ist ein großer Prophet", wiederholt Maria nachdenklich, „nicht Gottes Sohn."

Nein, das wird im Koran (Sure 19,35 u. a.) kategorisch abgelehnt. Dann kam Muhammad, im Koran auch *Aḥmad* genannt, und der Muslim versteht daraus, daß er der im Johannesevangelium verheißene *paraklet* ist; denn man hielt das Wort *paraklet*, „Tröster", für eine Verschreibung von *perikletos*, „gepriesen", und das Wort *aḥmad* heißt „höchst gepriesen". So hat nach islamischem Glauben Muhammad das Erbe Jesu angetreten, aber in seiner Lehre verbindet er die Gesetzesstrenge des Moses mit der sanften Liebe Jesu und bringt so das Gleichgewicht der Kräfte herbei.

„Was kam als nächstes im Credo?" fragt Maria nach einer kleinen Pause.

Die Engel.

„Also Engel gibt es bei den Muslimen auch!"

Natürlich, und sie spielen sogar eine sehr große Rolle, denn es war ja Gabriel, der dem Propheten Muhammad das göttliche Offenbarungswort mitteilte und der das Gotteswort in die Jungfrau Maria legte. Der Koran spricht auch von verschiedenen anderen Engeln. Sie sind aus Licht geschaffen; ihre Speise ist Anbetung und Gotteslob; vier oder acht von ihnen tragen den Gottesthron, und jeder Mensch hat zwei Schreiberengel, die ihm nach der allgemeinen Vorstellung auf den Schultern sitzen, um Gedanken, Worte und Werke aufzunotieren, der auf der rechten Schulter die guten, der auf der linken Schulter die bösen Werke. Dabei hofft der Volksglaube, daß der linke Engel zögert, Schlechtes aufzuschreiben, oder auch die Schrift durchstreicht, wenn der Sünder ehrlich bereut. Ein Engelswesen ist über die Hölle gesetzt, und der Mensch hat auch einen Schutzengel. Man darf die großen Engel nicht vergessen, die neben Gabriel, dem Boten und Lehrer, erwähnt werden, nämlich Michael, der im allgemeinen mit der Nahrungsverteilung verbunden wird, und Israfil, der die Posaune beim Jüngsten Gericht blasen wird. Der gefürchtetste Engel aber, Azrael, wird im Koran nicht beim Namen genannt. Er ist der Engel des Todes, der dem Menschen zur bestimmten Stunde die Seele entreißt. Kennst du das schöne Gedicht Dschalaladdin Rumis, in dem man auch etwas von Salomos Macht hört?

AM MORGEN WAR ES, DASS EIN MANN VOLL GRAM
ZUR HALLE SALOMOS GELAUFEN KAM,
BLEICH SEIN GESICHT VOR FURCHT, DIE LIPPEN BLAU.
„WAS HAST DU, MEISTER?" FRAGTE SALOMO.
ER SPRACH: „DER TODESENGEL AZRAEL
WARF EINEN BLICK VOLL HASS UND ZORN AUF MICH!"
ER SAGTE: „NUN, SO WÜNSCHE, WAS DU WILLST!"
DER BAT: „BEFIEHL DEM WIND, O SEELENHORT,
DASS ER VON HIER NACH INDIEN MICH BRINGE –
VIELLEICHT ENTGEH ICH DORT DES TODES SCHLINGE!" …
DEM WIND GAB ER BEFEHL, IHN RASCH ZU TRAGEN
INS TIEFSTE INDIEN ÜBER LAND UND MEER.
AM NÄCHSTEN TAG, ZUR ZEIT DER AUDIENZ
BEFRAGTE SALOMO DANN AZRAEL:
„WAS BLICKTEST DU DEN MUSLIM AN VOLL ZORN,
DASS ER SO GANZ VERSTÖRT UND FLÜCHTIG WARD?"
ER SPRACH: „NICHT ZORNIG BLICKTE DIESEN MANN ICH AN –
ICH WAR VERWUNDERT, IHN ALLHIER ZU SEHN,
DENN GRADE HATTE GOTT MIR JA BEFOHLEN,
IHN ALLSOGLEICH IN INDIEN ZU HOLEN.
ERSTAUNT DACHT' ICH: HÄTT' ER AUCH HUNDERT SCHWINGEN –
WIE SOLLTEN SIE IHN GLEICH NACH INDIEN BRINGEN?"

يقوق سأل آ... رسول الله صلى الله عليه وسلم عن قوة فقال طلعت قرى على لوط بخا و صمت بها جئت أهل الأنعام، أصباح ديكهم ثم طلبتها، وآعيان موكلون والعالمين منهم أحداث القوى الغضبية والحمية لدفع الشرائعا

ومنهم ميكائل صلوات الله عليه

هو موكل بإدراق الإحساء والحكمة والمعرفة للتفويض ... كل الاحبار خذ الله على الناسة البحر المجور وفيه من الملائكة ما شاء الله وميكائل قائم على البحر المجور لا يعرف أحد وصفه وعدد اجنحته الا الله ولو فتح فاة بكل التمرات وفيه أكثر له في وجه و لواشرف على أهل السموات والارضين لاتعرف من نوره و لداعيان موكلون على جميع العالمين منهم أحداث قوة النوء في الكلك والمولدات وعزها التي بها الصول الانسانيات و بلوغ الكمال

والكائنات كله دبكة الرياح والسحب والامطار والنبات والجيوان والمعادن وكل أذلك بأعوانه وكل ذلك بأعوانه والله على

„Man kann also dem Tod nie und nirgends entgehen …?"

Nein, auch wenn du noch so vieles versuchst – jedem Wesen
ist ein bestimmtes Ende vorbestimmt (Sure 17,99). Man findet
in der Volksfrömmigkeit noch viele andere Engelswesen mit
seltsamen Namen, die man in Beschwörungen verwendet. Die

64

Engel sind gehorsam; nur einmal rebellierten sie, als nämlich Gott Adam schaffen und zu seinem „Statthalter" einsetzen wollte, da protestierten sie, weil sie die künftigen Untaten des Menschen voraussahen (Sure 2,31). Denn der Mensch kann zwischen Gut und Böse wählen; die Engel können nur gehorsam sein.

„Aber was sind denn die Dschinnen, von denen man so oft in Märchen liest?"

Es sind Geistwesen, die, wie man glaubt, aus Feuer geschaffen sind; unter ihnen gibt es ungläubige und gefährliche, aber in Sure 72 findet man auch den Gedanken, daß manche *Dschinns* sich bekehren können. Sie können sich auch mit Menschen verheiraten, und es gibt einen arabischen Grammatiker, der *Ibn Dschinni*, „Sohn des Dschinn", heißt. Unter den Dschinnen gibt es wieder die verschiedensten Klassen, die natürlich in der Volkstradition immer fantasievoller beschrieben werden.

„Aber wie ist es mit dem Teufel?"

Der Teufel erscheint in der koranischen Schöpfungsgeschichte, denn er verachtete den aus Lehm geschaffenen Adam und rühmte sich: „Ich bin besser als er", weil er aus Feuer erschaffen war, das besser ist als Lehm (Sure 38,76). So wurde er verflucht. Er fand immer wieder Tricks, den Menschen zu verführen, aber er bleibt ein Geschöpf Gottes, nicht ein Widersacher Gottes. Die Legende sagt, er sei der Lehrer der Engel gewesen und habe sich durch vollkommenen Gehorsam ausgezeichnet, aber dann sei er zutiefst gefallen, weil er sich dem göttlichen Befehl, sich vor dem neu geschaffenen Adam niederzuwerfen, nicht gehorcht habe. Eine ganz bestimmte kleine Gruppe von Mystikern hat daher gefunden, Satan sei eigentlich besonders gehorsam gewesen, weil Gott ja befohlen hatte, sich vor niemand als Ihm niederzuwerfen – wie hätte er dann vor etwas Geschaffenem anbetend niederfallen können? Diese Idee wird natürlich von der Orthodoxie abgelehnt. Aber in unserer Zeit haben wir eine interessante Satanologie Iqbals, für den der ständige Kampf des Menschen mit der Macht des Satans zu weiterem Aufstieg führt; mit jedem Sieg, den er über die satanischen Versuchungen erringt, gewinnt er selbst einen höheren geistigen Rang. Da gibt es nämlich ein Wort des Propheten, der gefragt wurde, wie sein Satan, d. h. seine niedere Seele, sich verhalte, worauf er antwortete, *aslama schaiṭānī*, „mein Satan hat sich mir ganz übergeben", oder „ist Muslim geworden". Damit wies er darauf hin, daß die niederen Triebe verwandelt und veredelt werden können, wenn man sie unaufhörlich bekämpft. So wird auch ein störrisches Pferd zum trefflichen Renner, wenn du es ständig trainierst.

Aber vergiß nicht, fuhr ich fort, daß man jedesmal, wenn man einen Koranvers rezitiert, vor der Formel *bismillāh*, „im Namen Gottes", sagen soll: *aᶜūdhu billāhi min asch-schaiṭān ar-radschīm*, „ich suche Zuflucht vor dem gesteinigten, d. h. verfluchten Satan". So kann er sich nicht in die Rezitation drängen und den Menschen verwirren!

„Aber manchmal kann man den Versuchungen doch nicht so ganz widerstehen! Kann man dann beichten und absolviert werden?"

Beichte und Absolution gibt es nicht; es gibt ja kein Priestertum im Islam. Die Früchte aller Taten wird man am Jüngsten Tag sehen, denn der Glaube an die Auferstehung gehört zum ersten, was offenbart wurde. Der Koran hat dramatische Beschreibungen dieses schrecklichen Tages, der „Stunde", der „Klopfenden", dem Augenblick, an dem alles Lebende für einen Augenblick stirbt und alle Toten dann auferstehen, in einem entsetzlichen, furchtgetriebenen Durcheinander. Deshalb bedeutet das Wort *qiyāmat*, „Auferstehung", in vielen islamischen Sprachen „größtmögliche Verwirrung" unter ungezählten Menschen. Die Taten des Menschen werden dann gewogen; die Bücher, in denen die Engel seine Taten aufgeschrieben haben, werden ihm in die linke oder rechte Hand gegeben, je nachdem er oder sie gut oder böse gehandelt hat, die Waage wiegt jede Tat, sei sie auch nur so groß wie ein Senfkörnchen. Die Sünder haben geschwärzte Gesichter, die

Guten weiße, und schließlich muß der Mensch noch über eine haardünne, messerscharfe Brücke gehen, ehe er endgültig dem Paradies oder der Hölle zugeordnet wird.

„Das klingt aber sehr bildhaft, und man kann sich so etwas doch nicht vorstellen!"

Das konnten die alten Mekkaner eben auch nicht: Wie sollten längst verweste Menschen wieder lebendig werden? Und wo und wie sollte das alles stattfinden? Man stellte sich im Volke vor, daß die Auferstehung Jahre und Jahrzehnte dauern würde. „Länger als der Tag der Auferstehung" ist eine Redensart, und kein Mensch kann dem anderen etwas abnehmen (Sure 82,19); jeder ist für sich allein verantwortlich. Es ist eine Zeit unvorstellbaren Schreckens. Dieser Gedanke wurde aber später gemildert durch die Vorstellung, daß Muhammad mit der „grünen Flagge des Lobes" erscheinen und als Fürbitter für seine Gemeinde eintreten würde; und Gott würde aus Liebe zu Seinem Gesandten den Sündern seiner Gemeinde vergeben und sie ins Paradies eintreten lassen. Die Volksfrömmigkeit hat sich auch vorgestellt, daß die guten Taten des Menschen für ihn fürbitten, genau so wie alle seine Glieder für oder gegen ihn Zeugnis ablegen; die Hand sagt, „mit mir hat er einmal gestohlen", die Zunge, „er hat immer Gottes Lob gesungen" usw. Aber der Gedanke an die Fürbitte des Propheten hat die Hoffnungen der Frommen doch durch die Jahrhunderte gestärkt.

„Und das Ganze findet an einem bestimmten Tag am Ende der Welt statt?"

So stellt man es sich vor. Trotzdem gibt es Traditionen, denen zufolge der Verstorbene schon im Grab einen Vorgeschmack des künftigen Schicksals hat und sein Grab als weit oder bedrückend eng empfindet. Die Märtyrer – das sind nicht nur solche, die um des Glaubens willen gefallen oder getötet worden sind, sondern auch jemand, der auf der Pilgerfahrt stirbt, die Frau, die im Kindbett stirbt, und viele andere Kategorien mehr – die gelangen ohne Abrechnung ins Paradies.

„Aber wie sieht das denn in Paradies und Hölle aus? Ich weiß, das Paradies wird immer als ein fabelhafter Ort beschrieben mit schönen Mädchen und Knaben in Gärten und frischen Früchten und ich weiß nicht was für Luxus. Heißen die Mädchen nicht Huris? Komischer Name! Hat so einen Beigeschmack."

Nun, das Wort ḥūrī kommt von ḥūr al-ᶜain, „mit Augen, in denen das Schwarze der großen Pupille sich scharf vom Weiß des Augapfels abhebt", also mit strahlenden dunklen Augen. Aber du hast schon auf etwas Wichtiges hingewiesen: Genau an solchen Paradiesbeschreibungen haben die Christen Anstoß genommen, als ihnen der Inhalt des Korans bekannt wurde. Aber es ist doch so, daß der Mensch sich die ewige Seligkeit nur unter sinnlichen Bildern vorstellen kann, und unsere harfespielenden Seligen sind ja auch nur Bilder für etwas, das unvorstellbar ist. Die großäugigen Jungfrauen, die der Gläubige dort findet, deuten auf die höchste Seligkeit der Einigung mit Gott hin, die ja in allen Religionen unter dem Bild der geschlechtlichen Einigung dargestellt worden ist. Trotzdem, das muß man immer wieder sagen, haben viele Muslime, in erster Linie die Philosophen, aber auch die Mystiker, die Vorstellungen vom Paradies rein geistig ausgedeutet; es ist, für sie, die ewige Schau Gottes, die Seligkeit des In-Gott-Lebens, das ewige Wachsen, das kein Ende hat, da Gott kein Ende hat. Goethe hat es schön ausgedrückt:

BIS IM ANSCHAUN EWGER LIEBE

WIR VERSCHWEBEN, WIR VERSCHWINDEN ...

Ghalib in Delhi beschreibt das Paradies, das der Molla, der engstirnige Theologe, so ersehnt, als einen verwelkten Blumenstrauß in der Nische des Vergessens für diejenigen, die sich von sich selbst gelöst haben. Denn die Theologen und volkstümlichen Prediger haben das Paradies und die dortigen Freuden immer wieder in höchst sinnlicher Weise ausgemalt. Da heißt es etwa, der Gläubige fände dort für sich 70 000 Schlösser, jedes mit 70 000 Zimmern, in deren jedem 70 000

Betten stehen, auf deren jedem 70 000 Kissen sind, auf deren jedem wiederum 70 000 Jungfrauen warten ... Der Koran aber weiß nichts von solchen Statistiken. Dafür sind die Höllenschilderungen sehr intensiv, und die Qualen der Verdammten sind ebenso gräßlich wie in der christlichen Tradition. Wenn du manche mittelalterlichen christlichen Gemälde oder Texte siehst, bist du nicht weit von den koranischen islamischen Höllenschilderungen entfernt, wie sie dann von den Predigern immer weiter verfeinert (oder vergröbert, wie man will) wurden. Über die Ewigkeit der Höllenstrafen ist natürlich viel diskutiert worden. Manche Theologen hielten es für notwendig, daß sie ewig dauern würden, andere dagegen wiesen auf den Koranvers hin, daß die Sünder „ewig darin bleiben, außer wenn Gott es anders beschließt" (Sure 11,109); und schließlich ist doch alles Geschaffene „vergänglich, außer dem Angesicht Gottes" (Sure 28,88) – wie könnte also die Hölle, die ebenso geschaffen ist wie das Paradies, ewig bestehen? Diese Fragen wurden oft diskutiert, und je länger je mehr wurden Hölle und Paradies – zumindest von den Gebildeten – vergeistigt. „Hölle ist die Realisierung des eigenen Versagens", schrieb Iqbal 1928. Dennoch obliegt es dem Muslim, an die Auferstehung, die Waage, die Bücher usw. als wahr zu glauben, selbst wenn die Dichter sich oft gegen die materialistische Auslegung der koranischen Daten gewendet haben; wozu muß Gott die Sünden wiegen, wenn Er allwissend ist? fragen türkische Dichter.

„Sie haben jetzt immer nur von Männern gesprochen, für die natürlich die hübschen Jungfrauen im Paradies ganz schön attraktiv waren", wirft Maria ein. „Was ist mit den Frauen?"

Es gibt zwar eine Überlieferung, nach der die Mehrzahl der Höllenbewohner Frauen sind, aber grundsätzlich gelten die Paradiesversprechungen des Korans genau so für die Frauen – und nach einer frühen Überlieferung wird Maria die erste sein, die ins Paradies eingeht. Eine Auslegung meint, die *huris* seien die verwandelten irdischen Frauen, und eine hübsche Anekdote erzählt, daß ein triefäugiges altes Weiblein zum

Propheten gekommen sei und gefragt habe, ob so alte schäbige Weiber auch ins Paradies kämen. Nach einer ersten verneinenden Antwort habe der Prophet lächelnd gesagt: „Nein, die kommen nicht ins Paradies, denn sie werden alle in schöne junge Mädchen verwandelt."

„Das klingt ja ganz verheißungsvoll. Aber was ist mit der Vorherbestimmung? Die Muslime sind doch strenge Fatalisten, sagt man, und deswegen können sie sich auch nicht an die moderne Zeit gewöhnen ..."

In der Tat stehen im Koran Verse, die von absoluter Vorherbestimmung sprechen, neben solchen, die die Verantwortlichkeit des Menschen postulieren. Hätte es sonst Sinn, wenn der Mensch für seine Taten zur Verantwortung gezogen würde? Aber tatsächlich hat die Spannung zwischen dem Glauben an die absolute Vorherbestimmung jedes Augenblicks und dem freien Willen die islamische Geistesgeschichte weitgehend beeinflußt. Man erfand die Lösung, daß die menschlichen Akte zwar vorherbestimmt seien, daß aber der Mensch sie sich „aneigne" und so gewissermaßen verantwortlich werde. Eine Reihe von Denkern hat gemeint, daß viele Menschen nur an die Vorherbestimmung glauben, um sich ihrer eigenen Verantwortung zu entziehen. Da gibt es eine hübsche Geschichte: Ein Mann ging in einen Garten, kletterte auf den Aprikosenbaum und aß die Früchte. Als der Gartenbesitzer ihn deswegen zur Rede stellte, sagte er, das sei nun mal vorausbestimmt und er äße ja von Gottes Baum, worauf der Besitzer ihn vom Baum holte und tüchtig durchprügelte, und als er sich beklagte, sagte er zu ihm, er schlüge ihn ja mit Gottes Stock. Da mußte er zugeben, daß er von sich aus gesündigt hatte und nicht, weil Gott es vorausbestimmt hatte ...

Es gibt vielerlei Auslegungen der Vorherbestimmung. Maulana Rumi, von dem diese Geschichte stammt, hat einmal sehr schön gesagt:

MAN SCHLÄGT DIE KUH, WENN SIE DAS JOCH NICHT TRÄGT, JEDOCH NICHT, WEIL SIE KEINE FLÜGEL WACHSEN LÄSST.

Vorherbestimmung ist also nur im Rahmen der Anlagen des Geschöpfes denkbar; man kann nur seine Talente entwickeln und soll das möglichst gut tun. Aber dann findet man wieder, daß ein außerkoranisches Gotteswort zitiert wird, in dem Gott sagt: „Die zur Hölle, und Ich kümmere Mich nicht darum, und die ins Paradies, und Ich kümmere Mich nicht darum."

„Das klingt ja schrecklich! Und das glauben Leute?"

Ich fürchte, viele haben es geglaubt; denn wenn man der Sache auf den Grund geht, bedeutet es ja nichts als die absolute Herrschermacht Gottes, der „nicht gefragt wird" (Sure 21,24). Aber ich glaube doch, daß für die meisten Muslime (jedenfalls unter denen, die ich kenne) der Gedanke vorherrscht, daß Gott in jedem Augenblick weiß, was für seine Geschöpfe das Beste ist, und selbst wenn man etwas nicht versteht und sich fragt: „Warum, warum passiert dieses Unglück?", wird man doch – so die Gläubigen – nach einer Weile einsehen, daß es einen tieferen Sinn hatte. So kann man jedenfalls den *islām*, die Ergebung in Gottes Willen, verstehen. Aber in allen Religionen ist gerade die Frage der Vorherbestimmung und der Verantwortlichkeit des Menschen immer ein Zentrum der religiösen Diskussion gewesen.

6. Gebet

„Jetzt wollen die türkischen und pakistanischen Arbeiter in unserem Betrieb eine Moschee einrichten!" sagt Christian bei einem seiner häufigen Teebesuche. „Sie sagen, sie brauchen nur einen kleinen Raum, vor dem sie fließßendes Wasser zur Verfügung haben, das sei schon genug. Wieso das?"

Der Koran ordnet das rituelle Gebet an, und zwar werden dort noch nicht die jetzt und wahrscheinlich zur Zeit des Propheten üblichen fünf Gebete, şalāt, erwähnt, sondern die „Gebete an den Enden des Tages" und das nächtliche Gebet. Aber eine frühe Überlieferung spricht von den fünf Gebeten, und das Religionsgesetz hat deren Zeiten und Bedingungen genau festgelegt. Man betet vor Sonnenaufgang, dann um Mittag (die genauen Zeiten wurden früher mit der Länge des Schattens gemessen, also die mögliche Zeit reicht von dem Punkt, wo der Schatten so lang wie der Mensch ist, bis zu einer längeren Ausdehnung). Dann kommen das Nachmittagsgebet, das Gebet gleich nach dem Sonnenuntergang und das Nachtgebet vor dem Einschlafen. Das im Koran erwähnte Gebet in der Mitte der Nacht (Sure 16,80) wurde nicht zur Pflicht für jeden Muslim erklärt, wird aber von manchen Frommen gepflegt, da es die Zeit der Ruhe und stillen Einkehr ist. Und die mystisch gesonnenen Menschen benutzen die stillen Nachtstunden zur Meditation.

„Kann man eigentlich allein beten, oder müssen andere Menschen dabei sein?"

Man kann alleine und auf jedem reinen Platz sein Gebet verrichten, aber es ist verdienstlicher, wenn man es in Gemeinschaft tut, und das Gebet am Freitagmittag nach einer kurzen Predigt soll in der Moschee in Gemeinschaft gehalten werden.

Wenn man die Mengen von Menschen sieht, die sich etwa in der Badschahi-Moschee in Lahore zum Freitagsgebet versammeln und sich im Gleichmaß bewegen, versteht man die große Macht des Gemeinschaftsgebetes, und in Ankara habe ich manchesmal gesehen, wie die Frommen am Freitag noch weit bis auf die Straße hinaus sich zum Gebet versammelten.

„Und was ist das Wichtigste beim Gebet?"

Es ist die Haltung der Anbetung, das Sich-Niederwerfen, *sadschada,* von dem auch die Moschee ihren Namen hat, nämlich *masdschid,* „Platz, an dem man sich niederwirft", und die Gebetsmatte, die man benutzt, um die Reinheit des Ortes zu sichern, ist eine *sadschdschāda,* ein Platz zum Niederwerfen. Jeder Ort kann als *masdschid* dienen, aber schon früh bauten die Muslime feste Gebetsstätten, deren Grundform sich bis heute nicht geändert hat. Das Einzige, was wichtig ist, ist, daß man die Richtung nach Mekka erkennen kann, wohin sich die Gläubigen im Gebet zu wenden haben (in modernen Hotels in islamischen Ländern findet man oft eine kleine Gebetsmatte und einen Kompaß, der die Richtung nach Mekka anzeigt, ähnlich wie in unseren Hotels häufig eine Bibel im Nachtschrank liegt). Viele Fromme beten zu Hause, vor allem Frauen, obgleich ein Wort des Propheten Muhammad sagt: „Hindert nicht die Dienerinnen Gottes daran, die Moschee zu betreten", und der Koran hindert sie überhaupt nicht daran.

„Warum denn dann heute die vielen Verbote?"

Weil die Gesetze im Laufe der Jahrhunderte immer enger ausgelegt wurden, wie man das in allen Bereichen des Lebens sehen kann.

„Sagen Sie, ich habe Bilder von den großen Moscheen in Istanbul und Tunesien gesehen, und natürlich kenne ich die große Moschee von Cordoba, da ist das doch ganz anders als in diesem kleinen Zimmer, wo hier gebetet wird!"

Die Grundlagen sind aber die gleichen; das einzige, was eine große Moschee von der kleinen *masdschid* unterscheidet, sind das *minarett* und der *minbar*, die Kanzel, von der die Freitagspredigt gehalten wird. Denn die große Moschee, *dschāmi*[c], „die Versammelnde", ist der Kongregationsmittelpunkt einer Stadt und war früher das Kennzeichen einer Stadt mit einer bestimmten Anzahl von Einwohnern oder eines Stadtviertels. Hier wird die Freitagspredigt von einem *minbar* gehalten, einem erhöhten Platz, zu dem man mit drei oder einer ungeraden Zahl von Stufen steigt; die *minbars* der großen Moscheen des Mittelalters sind oft wunderbare Kunstwerke. Um die Gläubigen an die Gebetszeit zu erinnern, gibt es oft ein hohes Minarett, doch kann man auch vom Dach aus rufen wie hie und da in Afrika. Der Gebetsruf, *adhān*, wird fünfmal täglich vom Muezzin gerufen; er besteht aus sieben Sätzen: „*Allāhu akbar* (Gott ist groß)! Ich bezeuge, daß es keine Gottheit außer Gott gibt! Ich bezeuge, daß Muhammad der Gesandte Gottes ist! Auf zum Gebet! Auf zum Heil! Gott ist groß! Es gibt keinen Gott außer Gott!" Und beim Morgengebet wird noch hinzugefügt: „Gebet ist besser als Schlaf!"

„Gibt es denn eine vorgeschriebene Melodie für den Gebetsruf?" will Christian wissen.

Nein, er kann nach Belieben moduliert werden, und wenn Sie in einer Stadt im islamischen Orient sind, können Sie manchmal ein ganzes Konzert hören, wenn der Gebetsruf von verschiedenen Minaretts erklingt, leider jetzt meist durch Lautsprecher. Dann bereitet man sich zum Gebet, d. h. man vollzieht die rituelle Reinigung, denn das ist Vorschrift.

„Wie geht das vor sich?"

Die Regeln sind sehr detailliert; die Grundbedingungen sind, das Gesicht waschen, dann die Hände und Unterarme, mit der nassen Hand über den Kopf streichen, die Füße bis zu den Knöcheln waschen. Daneben gibt es eine Reihe „empfohlener" Handlungen, z. B. zu Beginn die Nase mit Wasser spülen.

DIE FATIHA, DIE ERÖFFNENDE.
IM NAMEN GOTTES DES ALLBARMHERZIGEN DES ALLERBARMERS
LOB SEI GOTT, DEM HERRN DER WELTEN,
DEM ALLBARMHERZIGEN, DEM ALLERBARMER,
DEM KÖNIG AM TAGE DES GERICHTS.
DICH BETEN WIR AN,
UND DICH BITTEN WIR UM HILFE.
FÜHRE UNS DEN WEG, DEN GRADEN,
DEN WEG DERER, DENEN DU GNÄDIG BIST,
NICHT DERER, DENEN DU ZÜRNST,
NOCH DERER, DIE IRREGEHEN!

Bei jeder Handlung soll der Fromme ein Gebet sprechen, etwa wenn man sich die rechte Hand wäscht, soll man bitten, daß Gott einem das Buch der Taten beim Jüngsten Gericht in die rechte Hand gibt, und ähnliches.

„Ist das kompliziert!" seufzt Christian. „Und das muß man vor jedem Gebet machen?"

Ja, wenn man eine kleine Unreinheit hat, d. h. geschlafen hat oder auf der Toilette war und ähnliches (z. B. auch, nach einigen Schulrichtungen, wenn man die Haut einer nicht-verwandten Frau berührt hat – daher vermeiden viele Gesetzesfromme, vor allem in Iran, es, einer Frau außerhalb der Familie die Hand zu geben). Auch muß das Kleid bestimmten Anforderungen genügen, Männer sollen zumindest die Partie zwischen Knie und Nabel bedecken, die Frauen ein langes Gewand tragen, das Gesicht und Hände freiläßt. Und das Kleid darf keine Spuren von Blut oder Urin oder so haben. Aber nach größerer Unreinheit (Sex, Geburt, Menstruation u. ä.) muß man eine Vollwaschung vornehmen, wobei auch das Haar einbegriffen ist. (Die Körperhaare müssen übrigens regelmäßig entfernt werden.) Zur Waschung darf man *nur* fließendes Wasser benutzen. Wenn alles vorschriftsmäßig gerichtet ist, formuliert man die Absicht, *niyya,* ein Gebet von so und so vielen *rakᶜah* zu verrichten. Das kann man überall tun, in der Moschee oder zu Hause oder auf der Straße oder in der Wüste.

„Aber was ist denn schon wieder eine rakᶜah?"

Man ruft *Allāhu akbar,* „Gott ist groß", das ist die *takbīrat al-iḥrām,* im Stehen, und rezitiert dann ein Gebet, vorzugsweise die *Fātiḥa,* die erste Sure des Korans. Dann beugt man sich, wobei die Hände in Kniehöhe sind, richtet sich wieder auf und erhebt die Hände. Die Frage, wie hoch sie erhoben werden, bildet einen Kontroverspunkt zwischen den Rechtsschulen. Dann wirft man sich nieder, so daß die Stirn den Boden zweimal berührt, und manche besonders fromme Muslime zeigen mit Stolz das schwarze Mal, das beweist, wie oft sie im Lauf ihres Lebens mit der Stirn den Boden berührt haben. Man richtet sich dann in eine halbsitzende Stellung auf und vollzieht eine andere Niederwerfung. Damit ist eine *rak^cah* vollendet. Der Gläubige hat bei den verschiedenen Haltungen jeweils koranische Verse zu rezitieren. Ein richtiges Gebet besteht aber aus mindestens zwei *rak^cah*, wobei am Ende der Beter im Sitzen das Glaubensbekenntnis und den Segen über den Propheten spricht und sich mit dem Friedensgruß nach rechts und links wendet.

„Und wie viele – wie heißt das noch – ach ja, rak^cah ... muß der Muslim beten?"

Das Gebet vor Sonnenaufgang besteht aus 2 *rak^cah*, das Mittags- und das Nachmittagsgebet aus je 4, das Gebet nach Sonnenuntergang aus 3 und das Spätabendgebet aus 4 *rak^cah*, das macht 17. Es ist wichtig, die richtige Reihenfolge der Bewegungen einzuhalten, und wenn man hinter einem Vorbeter, dem *imām*, betet, muß man seinen Bewegungen genau folgen. Man kann auch das Gebet durch lange Rezitationen ausdehnen, und es soll Fromme gegeben haben, die den ganzen Koran in einer *rak^cah* rezitiert haben. Beim Gemeinschaftsgebet ist das natürlich nicht möglich, weil es zu ermüdend für die normalen Menschen wäre.

„Das wäre es sicher", meint Christian, „beinahe so wie eine allzu lange Predigt bei uns. Gibt es übrigens auch Predigten?"

Ja, im Freitagsmittagsgottesdienst wird gepredigt und für die Regierung gebetet; die Predigt ist also hochpolitisch!

Die Teilnahme am Freitagsgottesdienst ist Pflicht; d. h. es muß sich eine Mindestmenge von Betern versammeln, und der Prediger spricht von einer mindestens drei Stufen hohen Kanzel, dem *minbar* (die in großen Moscheen oft künstlerisch gestaltet ist).

Er aber fragt gleich weiter: „Wie ist es mit den Frauen? Dürfen die auch in die Moschee?"

Sicher, in vielen Moscheen sind eigene Balkons oder Seitenräume für sie eingerichtet, denn sie sollen nicht zwischen den Männern beten.

„Kann eigentlich eine Frau das Gebet leiten?"

Nur, wenn es sich um eine reine Frauenversammlung handelt; da gibt es keine Schwierigkeit.

Es gibt übrigens noch andere Gebete der rituellen Art, wie das gemeinsame Regengebet, oder Gebete bei Sonnen- und Mondfinsternis, und wir dürfen auch das Totengebet nicht vergessen, in dem die Formel *Allāhu akbar,* das *takbīr,* „Gott ist groß", viermal ausgerufen wird; nach dem ersten *takbīr* wird die *Fātiḥa* rezitiert, nach dem zweiten der Segen über den Propheten, nach dem dritten ein Gebet für den Verstorbenen und nach dem vierten ein Gebet für die Anwesenden.

Und noch eines sollte man sich merken: Wenn man einem Muslim begegnet, der das Gebet beendet hat, sagt man traditionell *taqabbala Allah,* „Gott möge es annehmen", denn die ṣalāt, die persisch und türkisch *namāz* genannt wird, ist ja kein Bittgebet, das erhört werden soll, sondern ein Opferdienst, wo sich der Gläubige ganz und gar Gott hingeben soll; es ist eine Pflicht, durch die man Gottes Größe und Allmacht anerkennt, und wenn man sich niederwirft, fühlt man sich Gott nah, denn im Koran wird Muhammad angeredet *usdschud wa'qtarab,* „wirf dich nieder und nähere dich" (Sure 96,19). Es gibt ungezählte Beschreibungen der Gefühle des Frommen, der sich Gott im Gebetsritus naht und, indem er koranische Verse rezitiert, Gott gewissermaßen mit dessen eigenen Worten anredet. Es ist ein geistiges Opfer, denn wie man beim Schlachten eines Tieres ausruft *Allāhu akbar,* „Gott ist größer als alles", so auch zu Beginn des Gebetes, wo man sich gewissermaßen der göttlichen Allmacht hingibt.

„Das klingt ja alles ganz schön", meint Christian. „Aber gibt es denn gar kein freies Gebet, wo man Gott um etwas bitten kann?"

Natürlich gibt es das. Es wird empfohlen, freie Gebete am Ende des Ritualgebetes zu sprechen, weil man da noch rituell rein ist und auch die Seele gereinigt hat, aber nichts verbietet, jederzeit kleine Gebetsseufzer oder lange Gebete zu sprechen.

Wie im Christentum gibt es auch für das freie Gebet Formeln, die vom Propheten oder einer der großen religiösen Gestalten überliefert sind; sie drücken all die Probleme aus, die wir in den Gebeten in aller Welt finden: Lob Gottes, Vergebung der Sünden (das ist ganz besonders wichtig), Bitte um Heilung und Hilfe, Bitte für andere (und die Tradition sagt, daß eine Fürbitte immer erhört werde) und vieles mehr – Gebete, viele, die auch der Christ ohne Mühe mitsprechen kann. Und dieses Gebetsleben, so scheint mir, kann eine Brücke bilden, auf der die Bekenner des Islam, des Christentums und des Judentums, um nur die drei großen abrahamitischen Religionen zu nennen, sich begegnen können.

„Ja, etwas über das Gebetsleben würde mich schon interessieren", meint Christian. „Vielleicht entdecke ich da doch etwas im Islam, was mich anzieht."

Es gibt auch noch eine andere Gebetsform, den sogenannten *dhikr*, Gedenken, Erinnerung. Im Koran heißt es „Gedenket Gottes oft" (Sure 33,41), und in einem besonders schönen Satz wird gesagt: „Wahrlich, durch das Gedenken an Gott werden die Herzen stille" (Sure 13,28). Die Mystiker haben dieses Gedenken an Gott ausgebaut; für sie war das ständige Denken an Gott ein Weg, den „Spiegel des Herzens zu polieren", d. h. ihr Herz zu reinigen, und so kann man oft sehen, daß fromme Leute, vor allem ältere Menschen, nach Vollendung ihres Ritualgebetes ihre Gebetsschnur in der Hand haben und den Namen Gottes, das Glaubensbekenntnis oder andere Formeln einige hundert-, ja tausendmal leise wiederholen. Daß dann, vor allem im Nahen Osten, viele Männer die Gebetsschnur, *tasbīḥ*, mehr zur Ablenkung ihrer Nervosität benutzen, sehen wir ja oft.

„Haben die Muslime denn den Gebetskranz von uns übernommen?"

Nein, im Gegenteil! Die Gebetsschnur ist im Frühmittelalter aus dem indischen Bereich in die islamische Welt gekommen und wurde bald – spätestens im 10. Jahrhundert unserer Zeitrechnung – zum Zählen der Wiederholungen der Formeln benutzt; erst dann gelangte der Rosenkranz in das christliche Abendland.

Christian erhebt sich. Draußen regnet es, was vom Himmel herunterwill. „Es sollte ein Gebet geben, um endlich die Sonne hervorzulocken!" sagt er.

Das gibt es nicht, aber dafür, wie es im Orient sehr wichtig ist, ein Regengebet. Da ziehen die Menschen unter Leitung des Herrschers oder Vorbeters aus der Stadt, schäbig gekleidet, und bitten, mit vorgeschriebenen Formeln, um Regen, und viele Legenden haben sich um Menschen gebildet, deren Gebet angeblich Gott veranlassen konnte, das ersehnte Naß zu schicken. Ich mag besonders gern die Geschichte, wie eine fromme Frau mit ihrem Besen den Staub zusammenfegte und dann rief: „Gott, ich habe gefegt! Jetzt schick Du das Scheuerwasser!" Und sogleich fing es an zu regnen. –

Und noch eins: Im Koran sind an vielen Stellen *ṣalāt*, Ritualgebet, und *zakāt* zusammen erwähnt; *zakāt* ist sogar der dritte „Pfeiler" des Islam; es ist eine Almosensteuer, die nach dem Koran an bestimmte Kategorien von Menschen verteilt werden soll, und zwar sollen, wie Sure 2,215 und 9,60 sagen, die Eltern, die Waisen, die Armen und Bedürftigen sowie die Reisenden und Bettler etwas davon erhalten und auch, wenn nötig, solche, „deren Herzen gewonnen werden sollen".

„Eine Art Sozialabgabe?"

So ist es, und die Sätze für die *zakāt* sind genau geregelt; ob sie nun auf Vermögen in Geld oder Waren, auf Vieh oder Ernteerträge oder laufende Einkünfte erhoben wird; all dies ist im Gesetz genau vorgeschrieben. Es gibt noch eine Zusatzabgabe, die *zakāt al-fiṭr*, die man am Ende des Fastenmonats zahlt.

„Ist zakāt denn die einzige Steuer, die ein Muslim zahlen muß?"

Nein, man hat daneben noch eine Anzahl „unreligiöser" Steuern erfunden, die meist die *zakāt* um ein Vielfaches übertreffen und der Regierung zugute kommen. Im Mittelalter wurden in Krisenzeiten solche Steuern manchmal abgeschafft, aber nach Überwindung der Krise natürlich wieder erhoben. Jedenfalls bleibt die *zakāt* die einzige religiös fundierte Steuer. Man hat z. B. jüngst in Pakistan einen großen Teil des eingehenden *zakāt*-Geldes zum Bau von Koranschulen und theologischen Seminaren benutzt, etwas, das ja in der ursprünglichen Formulierung der Zielgruppen nicht enthalten ist. Aber hier, wie so oft, legen die verschiedenen Interessengruppen den Nachdruck auf das, was ihnen im Moment am wichtigsten erscheint.

7. Fasten

„Nein, ich verstehe diese Muslime überhaupt nicht mehr",
seufzt Christian und setzt sich. „Habe ich doch diesen netten
türkischen Mitarbeiter, und wollte ihn gestern auf eine Tasse
Kaffee einladen, da sagt er, er faste. Nun ja, sage ich, aber
Kaffee ... oder ein Glas Wasser können Sie doch trinken!
Nein, sagt er, nichts essen, nichts trinken, bis die Sonne ganz
untergegangen ist! Verstehen Sie das?"

Natürlich, sage ich. Im Monat Ramadan, dem neunten Monat
des islamischen Mondjahres, darf der Muslim von der Morgendämmerung, wenn man einen schwarzen von einem
weißen Faden unterscheiden kann, bis zur Vollendung des
Sonnenuntergangs nichts essen, trinken, überhaupt nichts in
den Körper einführen, darf also auch keine Injektion oder Ein-
läufe bekommen; er darf sich nicht an Wohlgeruch erfreuen,
und natürlich ist Sex auch verboten. Wenn das Fasten gebrochen ist, also nach Sonnenuntergang, kann er oder sie
normal leben, bis man kurz vor der Morgendämmerung noch
einmal ein leichtes Mahl zu sich nimmt.

„Und das müssen die armen Menschen einen ganzen Monat
lang machen?" fragt Christian entsetzt.

Ja, und sie müssen jeden Morgen die *niyya,* die Absicht,
formulieren, daß sie das Fasten halten wollen.

„Warum denn solch eine Absichtserklärung?"

Weil jeder Ritualakt mit einer solchen Absicht eingeleitet
werden muß, um gültig zu sein. Aber weiter: Bei Krankheit
kann man vom Fasten dispensiert werden, aber man soll dann
ein Sühnefasten halten oder, in bestimmten Fällen, ein paar
Arme speisen.

„Aber ist das nicht furchtbar schwer?"

Ja, vor allem in den Sommermonaten, wenn die Tage heiß und, für Muslime in den nördlichen Ländern, sehr lang sind – denken Sie an Mittsommer in Norwegen oder Schweden! Aber zum Glück wandert der Ramadan ja durch alle Jahreszeiten, denn da das islamische Jahr ein reines Mondjahr ist, rückt der Monat jedes Jahr 10 oder 11 Tage nach vorn, so daß man eines Tages in den Genuß der kurzen oder kühlen Tage kommt. Für die meisten Muslime in den nördlichen oder auch ganz südlichen Zonen gibt es nach Meinung einiger Gelehrter die Möglichkeit, das Fasten zu brechen, wenn es im nächstgelegenen muslimischen Land (das wäre für Deutschland in der Türkei, für Spanien in Marokko) gebrochen wird, damit es sich nicht auf 20, 22 Stunden ausdehnt oder, in den extrem kurzen Wintertagen, nur ein, zwei Stunden dauert.

„Aber ist das Fasten nicht gesundheitsschädlich und schwächt die Leute so, daß sie nicht mehr vernünftig arbeiten können? In unserer modernen Industriegesellschaft kann man sich doch solch einen Arbeitsausfall gar nicht leisten."

Ich habe immer meine Freunde in der Türkei oder Pakistan und Indien bewundert, wie sie auch im Ramadan ihre täglichen Pflichten nie vernachlässigten, wenn das Tempo auch gelegentlich etwas langsamer war oder man gegen Ende des Monats eine wachsende Nervosität spürt. Aber wenn alle fasten, ist es einfacher als für die in der Diaspora lebenden Muslime, und das gemeinsame Fastenbrechen am Abend, die fröhlichen Unterhaltungen in der Nacht machen es den Menschen doch etwas leichter. Und was die Gefahr für die moderne Arbeitswelt angeht, so hat man durchaus versucht, hier Wandlungen zu schaffen: Präsident Bourgiba von Tunesien hat z. B. erklärt, da während des Krieges oder Kampfes das Fasten nicht verpflichtend sei, solle man die Arbeit als Krieg gegen Hunger und Kampf gegen Armut ansehen und darum Erleichterung schaffen – also den Ramadan nicht als reinen Fastenmonat erklären.

„Gute Idee!"

Ja, aber die Rechtsgelehrten haben sich diesem Gedanken entgegengesetzt. Denn das Fastengebot steht nun einmal so im Koran, genau wie es dort auch festgelegt ist, daß Anfang und Ende des Ramadan bestimmt werden, wenn zwei zuverlässige Männer die erste haardünne Sichel des Neumondes gesehen haben. Dadurch kann das Fasten in verschiedenen Gegenden einen Tag früher oder später beginnen. Jetzt wird der Anfang meist durch Rundfunk von Mekka aus übertragen, damit Einheitlichkeit herrscht. Aktuelle Beobachtung wird aber heute noch geübt, obgleich man den Erscheinungstermin der Mondsichel genau vorausberechnen kann.

„Und wie geht es dann weiter, wenn man den ganzen Tag hungrig und durstig ist?"

Sobald die Sonne untergegangen ist – und das wird auf Tabellen in den Zeitungen festgestellt und wurde früher mit einem Kanonenschuß angekündigt –, bricht man das Fasten, vorzugsweise mit einer ungeraden Anzahl von Datteln, und trinkt Wasser, dann verrichtet man das Abendgebet, und dann kommt das festliche Essen. Ein solches *ifṭār* (Fastenbrechen) ist immer etwas Schönes. Man lädt Freunde und Verwandte ein; es werden leckere Speisen angeboten, die oft schon eine Weile vor dem eigentlichen Mahl aufgetragen werden, denn, wie man in der Türkei glaubt, das Mahl lobt Gott, während es auf dem Tisch steht und der Mensch sich immer noch des Essens enthält.

„Und die arme Hausfrau, die das alles kocht, muß die denn auch fasten?"

Natürlich, die Regeln gelten hier wie überall für beide Geschlechter, und Sie wären erstaunt, wenn Sie als Nicht-Muslim im Ramadan zu einer Familie kommen, die, wie es mir oft passiert ist, Ihnen mitten am Tag strahlend einen heißen Tee anbietet oder ein köstliches Mahl, während sie selbst dasitzen und sich freuen, daß es dem Gast schmeckt;

denn die Freude des Gastes erhöht noch das Verdienst des Fastenden.

„Bewundernswert!" meint Christian.

Ja, Güte sollte immer das wichtigste sein, und es wird auch berichtet, daß manch ein Frommer sein Fasten brach, um einem Hungernden Gesellschaft beim Essen zu leisten, denn im Ramadan, wie in der christlichen Fastenzeit, soll man sich auch von bösen Gedanken, Lüge, Haß fernhalten; der Ramadan soll eine Reinigung für Leib und Seele sein.

Nach dem *ifṭār* verrichten fromme Muslime dann die *tarāwīḥ*-Gebete, das sind 20 oder auch 33 *rak^cah*, und gegen Morgen gibt es noch ein leichtes Mahl. Früher wurden die Nächte im Ramadan mit Vergnügungen verbracht; Reisebeschreibungen aus Kairo oder Damaskus geben uns ein Bild vom bunten Leben und Treiben auf den Straßen. Das hat jetzt nachgelassen. Aber natürlich ist die Freude groß, wenn das Fest des Fastenbrechens, *^cīd ul-fiṭr*, naht; man zieht neue Kleider an, und nach dem feierlichen Morgengebet, an dem die Männer teilnehmen, besucht man sich, beschenkt sich und verteilt Süßigkeiten. Daher nennt man in der Türkei das Fest auch *şeker bayramī*, Zuckerfest, das ist wie bei uns Weihnachten. Es gibt aber auch die Auflage, eine bestimmte Almosensteuer am Ende des Monats Ramadan zu zahlen.

„Aber weshalb ist denn gerade dieser Monat Ramadan zum Fasten auserwählt?" will mein Gast wissen.

Weil die erste Offenbarung des Korans im Ramadan stattfand, und zwar in einer der letzten drei ungeraden Nächte, wahrscheinlich am 27. Deshalb beobachten auch viele, die sonst nicht fasten, die letzten zehn Tage des Monats doch das Fasten, und ganz Fromme ziehen sich zur Meditation zurück. Wir kennen Geschichten von besonders gläubigen Asketen, die in der „Nacht der Macht", wie die erste Offenbarungsnacht in Sure 97 des Korans genannt wird, eine Vision der göttlichen Lichterscheinung hatten; denn wenn das Gotteswort oder der Gottgesandte in die Welt kommen, erscheint das himmlische Licht, wie man aus allen Religionen weiß. Denken Sie an die Legenden um die Geburt Jesu, oder Zarathustras, an Epiphanias ... Früher gab es nur einen einzigen Fasttag, ᶜaschura, am 10. Tag des ersten Mondmonats, der auch noch von besonders Frommen gehalten wird, und wie überall in der Welt versuchten Asketen, fast ständig zu fasten. Freilich darf an bestimmten Tagen, z. B. den großen Festen, nicht gefastet werden; empfohlen ist es aber an anderen Tagen, so vor den Festnächten wie Geburtstag des Propheten, seine Himmelsreise u. ä. Manche Sufis haben auch *ṣaum dāūdī* geübt, d. h. man fastet einen Tag und ißt einen Tag normal, so daß sich der Körper an keine der beiden Formen gewöhnt.

8. Die Pilgerfahrt

Gut zwei Monate später kommt Christian wieder mit einer Frage: „Da hat doch mein türkischer Kollege gesagt, er nähme jetzt Urlaub, um mit seiner Frau auf die Pilgerfahrt nach Mekka zu gehen. Darf denn die Frau überhaupt dahin?"

Natürlich darf sie! Allerdings soll sie von einem verwandten oder verschwägerten Mann begleitet sein, denn allein soll eine Frau nicht reisen. Aber die Pilgerfahrt *(ḥadschdsch)* einmal im Leben zu machen ist, wie alles, Pflicht für beide Geschlechter. Nicht nur, daß sehr oft Ehepaare nach Mekka pilgern; aus alten Zeiten wird immer wieder erzählt, wie fromme Männer ihre betagten Mütter nach Mekka trugen, damit sie in den Genuß der Pilgerfahrt kommen, und das Interessante ist, daß die Pilgerkleidung der Frau das Gesicht nicht verhüllt, sondern freiläßt.

„Wie geht denn überhaupt die Pilgerfahrt vor sich?"

Heute ist alles dank dem riesigen Flughafen in Dschidda einfach; man erreicht ihn rasch und bequem. Früher war die Pilgerfahrt wirklich ein Unternehmen auf Leben und Tod; die Karawanen kamen von Westafrika oder Zentralasien, und Muslime aus dem malaiischen Archipel unternahmen die lange gefährliche Seereise; sie wurden in Arabien selbst manchmal von rebellischen oder räuberischen Beduinen ausgeraubt oder fielen Krankheiten zum Opfer; aber bei der Pilgerfahrt zu sterben bedeutete, als Märtyrer zu sterben ...

„Hat Muhammad eigentlich diese Pilgerfahrt eingeführt?"

Nein, Mekka war seit altersher ein Pilgerzentrum. Die Kaaba, der beinahe kubische Bau im Zentrum wurde, wie der Koran sagt (Sure 2,125), von Abraham erbaut und gilt in der frommen

Legende als Nabel der Erde, genau gegenüber der himmlischen Kaaba. Jahrhundertelang pilgerten die Menschen aus ganz Arabien hierhin, umkreisten die Kaaba, wo es auch Götterbilder gab; große Jahrmärkte wurden gefeiert. Als Muhammad 622 nach Medina ausgewandert war, wurde die Kaaba zu einem Zentrum seiner Gedanken; sie war für ihn das Zentralheiligtum, nahe dem man allein Gott verehren sollte, und während die Gebetsrichtung erst Jerusalem war, wurde sie nun (wie Sure 2,136 sagt) nach Mekka verlegt; seither wenden sich Millionen und Abermillionen von Gläubigen im täglichen Gebet dorthin. Als Mekka wieder von den Muslimen eingenommen wurde, 630, wurde das alte Gebäude zunächst gereinigt. Man sagt, es habe 360 Götzenbilder darin gegeben, was, wenn es stimmt, auf einen alten Himmelskult deuten könnte; wir kennen z. B. den Mondgott Hubal aus der Überlieferung. Wenige Monate vor seinem Tod institutionalisierte Muhammad die Riten des Pilgerfestes, das nun einen ganz eigenen Charakter erhielt.

„Und das wäre?"

Als Datum wurde der letzte Monat des Mondjahres, *dhu' l-ḫidschdscha*, beibehalten. Der Pilger, der an die Grenzen des geheiligten Gebietes, *ḥaram*, gelangt, legt ein spezielles Pilgerkleid an, das aus zwei ungenähten weißen Tüchern und Sandalen für den Mann besteht; die Frau trägt ein langes, meist weißes Gewand und ein Kopftuch. Das ist der *iḥrām*. Während der Pilgerfahrt gibt es bestimmte Tabus: Kein Sex; Nägel und Haare werden nicht geschnitten; kein Tier darf getötet werden (allenfalls eine Laus, wie das Gesetz feststellt). Die Folge der Tage sieht so aus: Man kann für zwei verschiedene Arten, die Pilgerfahrt durchzuführen, optieren, d. h. die *niyya*, die Absicht, formulieren. Deshalb gibt es zahlreiche Pilgerführer, die den Ankommenden, die ja oft kein Arabisch außer dem für die Gebete notwendigen koranischen Arabisch, können, alles erklären und sie leiten. Man kann die *niyya* so formulieren, daß man zunächst die *ᶜumra*, die „kleine Wallfahrt", vollzieht und dann die Pilgerkleidung ablegt, um sie

für den eigentlichen *ḫadschdsch* wieder anzulegen; das tut
man meist, wenn man ziemlich früh in Mekka ankommt,
denn das Anlegen des *iḥrām* bedeutet ja, daß man eine Anzahl
von Tabus einzuhalten hat. Vom Anlegen des *iḥrām* bis zum
Ende der Wallfahrt ruft der Pilger immer wieder *labbaika*,
„Dir zu Diensten!" Mekka betritt man im *iḥrām*, vollzieht
sieben Umkreisungen, *ṭawāf*, der Kaaba, und zwar die ersten
drei rasch, die anderen normal; man versucht dabei, den in der

Südostecke der Kaaba eingemauerten schwarzen Stein zu berühren oder zu küssen. Dann kommen Ritualgebete, die ohnehin im Laufe der Wallfahrt immer wieder vollzogen werden. Es folgt der siebenmalige Lauf zwischen den Hügeln Safa und Marwa, die jetzt durch einen langen Gang verbunden sind. Dann kehrt man in den Normalzustand zurück, bis am 7. *dhu 'l-ḥidschdscha* der eigentliche *ḥadschdsch* beginnt. Die meisten Frommen aber bleiben nach dem Vollzug der genannten Riten im Zustand der Weihe. Am 7. des Monats wird eine Predigt gehalten, und am Abend oder am frühen Morgen des 8. geht es über die Orte Mina und Muzdalifa nach Arafat (jetzt in klimatisierten Bussen), dort verweilt man am 9. und hört zwischen Mittag und Sonnenuntergang zwei Predigten.

„Verweilt man? Was heißt das?"

Wir sehen auf Fotos, wie ungeheure Mengen von Zelten auf der weiten Ebene von Arafat aufgestellt worden sind, wo die Gläubigen sich befinden, betend, Gottes gedenkend, oder auch sich unterhaltend, bis sie nach der abendlichen Predigt nach Muzdalifa laufen und dort das Abendgebet verrichten. Übrigens sind die Zelte jetzt mit Aircondition versehen. Am Morgen des 10. hört man dort wieder eine Predigt, geht nach Mina, wo man sieben Steinchen auf einen bestimmten Ort wirft (das ist die Steinigung des Satans) und dann die Opfertiere schlachtet. Das ist der zentrale Ritus. Viele Männer, so habe ich gelesen, lassen sich dann den Kopf rasieren, weil man vorher, während des Weihezustandes, weder Haar noch Nägel schneiden darf, und kehren nach Mekka zurück; die nächsten Tage verbringt man, im Normalzustand, in Mina, wo man nochmals Steine auf die dafür bestimmten Stellen wirft, und nachdem man am 12. oder 13. den *iḥrām* wieder angelegt hat, vollzieht man die Abschiedsumwandlung der Kaaba.

„Wie kompliziert!" sagt Christian. „Und was bedeuten die einzelnen Teile? Rein äußerlich gesehen, kann ich nicht sehen, warum man verweilen, laufen und so etwas soll;

nur das Schlachten verstehe ich eher, selbst wenn ich mir nicht vorstellen kann, was mit den Hunderttausenden von geschlachteten Tieren passiert!"

Das wichtigste Element ist erstaunlicherweise das „Verweilen" auf Arafat, wo keine Eigenaktivität entfaltet wird. Das Steinewerfen auf Satan ist ein wichtiger Ritus, und zentral ist in der Tat das Opfern eines Schafes oder ähnlichen Vierfüßlers. Das müssen auch die Gläubigen zu Hause tun, wo das Fleisch dann verteilt und das Fell für wohltätige Zwecke gespendet wird. Das Schlachten ist natürlich heute bei einer Million von Pilgern ein schwieriges Problem – wohin mit den geschlachteten Tieren, dem fließenden Blut? Das Tier (und das gilt für jedes Schlachten) muß nämlich – nach dem Aussprechen von *Allāhu akbar*, „Gott ist groß!" – durch blitzschnelles Durchschneiden von Halsschlagader und Luftröhre getötet werden, damit es richtig ausblutet – wie beim Schächten im Judentum. Das ist wohl der Aspekt der Pilgerfahrt, den die meisten am schwierigsten finden. Man hat daher in letzter Zeit immer wieder vorgeschlagen, den Preis eines Schafes stattdessen den Armen zu geben, aber die Gesetzesgelehrten bestehen auf dem Ritual, weil dies ja die Erinnerung an das Opfer Abrahams wachhält, der willens war, seinen Sohn zu opfern, und dann den Ersatz, den Widder, vom Himmel erhielt. Doch kann man neuerdings das Geld an bestimmte Stellen zahlen, von denen die Schafe geschlachtet, blitzschnell eingefroren und in Hungergebiete, wie etwa die Sahel, geschickt werden. Nach der Abschiedsumkreisung der Kaaba wenden die Pilger sich wieder nach Hause, und alle meine Freundinnen, die am *ḥadschdsch* teilgenommen haben, erzählen, welch ungeheures Erlebnis dies war. Sie sind jetzt *ḥadschdschis* ...

„Ah – Hadschi Halef Omar ..."

Viele bringen einen Krug mit dem Wasser aus dem Brunnen *Zamzam* mit, das voller Segenskraft ist. Früher tauchten besonders fromme Pilger ihr mitgebrachtes Totenhemd in den

Zamzam, um durch dessen Segen vor den Grabesstrafen sicher zu sein.

„Aber hat man denn wirklich etwas von diesen sonderbaren Riten?"

Natürlich, denn es genügt nicht, die Riten nur äußerlich zu vollziehen. Man muß bei jedem Akt die tiefere Bedeutung erkennen. Vielleicht die schönste Beschreibung einer solchen durchgeistigten Pilgerfahrt stammt von Nasir-i Chusrau, dem großen ismailitischen Dichter, der im nordöstlichen Iran, dem heutigen Afghanistan, im letzten Viertel des 11. Jahrhunderts in der Verbannung starb. Er spricht mit seinem Freund, der aus Mekka zurückkehrt:

DIE GEEHRTEN PILGER KAMEN NUN
DANKBAR FÜR DIE GABE DES ALL-GÜT'GEN.

JA, SIE KAMEN SO VON ARAFAT,
HIN NACH MEKKA, RUFEND: „DIR ZU DIENST!"
GANZ ERSCHÖPFT VOM LEIDEN IM HIDSCHAZ,
DOCH GERETTET VON DER HÖLLENSTRAFE,
HABEN ALLE RITEN SIE VOLLFÜHRT
UND SIND HEIMGEKEHRT, GESUND UND FROH.

ICH GING AUS, SIE ZU EMPFANGEN AUCH,
STRECKTE MEINEN FUSS VOM TEPPICH AUS,
DENN IN JENER KARAWANE WAR
MIR EIN FREUND, EIN EHRLICH-TREUER MANN.

SAGTE ICH ZU IHM: „SAG, TEURER, MIR,
WIE HAST DU DIE REISE ÜBERLEBT? …

WIE HAST DU DEN HOHEN PLATZ GEEHRT,
ALS DU EHRFURCHTSVOLL IHM NAHE KAMST,
ALS DAS PILGERKLEID DU ANGELEGT?
WELCHE ABSICHT HAST DU FORMULIERT,
HAST DIR NICHTS ALS GOTT ALLEIN ERLAUBT?"

„Nein!" sprach er.

Ich sagte: „Als du riefst
,Dir zu Diensten!', rühmend so den Herrn,
hast du Gottes Ruf gehört und gabst
ihm die Antwort, wie einst Moses tat?"

„Nein!" sprach er.

Ich sprach: „Auf Arafat,
als verweiltest du und fühltest Ihn
dir ganz nah, hast du verleugnet dich,
seiner Wahrheit nur bewusst allein?"

„Nein!" sprach er.

Ich sagte: „Als du warfst
Kiesel auf den Satan, den verfluchten –
warfst du auch von dir in einem Zug
alle deine Sünden, üble Tat?"

„Nein!" sprach er.

Ich sagte: „Als du dann
schlachtetest das Lamm als gutes Werk,
sahst du dich vor Gott und schlachtetest
auch dein niedres Selbst als Opfertier?"

„Nein!" sprach er.

Ich sprach: „Als du geblickt
zu dem Platz, erbaut von Abraham,
hast du ganz ergeben dich in Gott,
ehrlich, voller Glauben und Gewissheit?"

„Nein!" sprach er.

Ich sagte: „Und als du
mit der Menge dort umschrittst die Kaaba,
dachtest du, wie Engel und Cheruben
stets umwandeln Gottes hohen Thron?"

„Nein!" sprach er.

Ich sagte: „Als du liefest
siebenmal von Safa hin nach Marwa,
sahst die Welten du in reinem Licht?
War dein Herz von Himmel, Hölle frei?"

„NEIN!" SPRACH ER.
ICH SAGTE: „ALS DU GINGST,
BRACH DAS HERZ DIR, WEIL DIE KAABA BLIEB?
DACHTEST DU AN DEINEN PLATZ IM GRAB,
SO ALS WÄRST DU TROCK'NE KNOCHEN SCHON?"

DOCH ER SPRACH: „ICH WEISS NICHT, ALL DIES ZEUG,
WAS DU REDEST – IST'S KORREKT? IST'S FALSCH?"

SPRACH ICH: „DU HAST NICHT VOLLFÜHRT DEN HADSCH,
FÜHLTEST NICHT DER SELBSTAUFGABE SEGEN –
NEIN, DU GINGST, SAHST MEKKA AN UND KAMST
UND ERKAUFTEST MÜHE, HITZE NUR!
WILLST VOLLFÜHREN DU DIE WAHRE FAHRT,
TU, WAS ICH DICH HAB' GELEHRT, MEIN FREUND!"

Vielen Dichtern erschien die schwarzverhüllte Kaaba wie eine verhüllte Braut, die man ersehnte und zu der man die schwierige Reise gern unternahm, und zahllose Gelehrte haben sich lange in Mekka aufgehalten, um dank dem Segen der Kaaba ihre großen Werke zu schreiben, seien es Korankommentare oder gewaltige mystische Werke, oder auch Reformwerke; denn wenn ein Frommer, sagen wir aus Bengalen oder Nigeria, aus Zentralasien oder Malaysia kam, sah er, wie anders der schlichte arabische Islam war als die Religion in seiner Heimat, die oftmals viele vorislamische volkstümliche Züge in sich aufgenommen hatte, und so ist es kein Wunder, daß die Pilgerfahrt zahlreiche Reformbewegungen in der ganzen islamischen Welt hervorgerufen hat. Aber vergessen wir nicht, daß Mekka, wie alle Pilgerstätten, auch ein blühendes Handelszentrum ist, wo man alles – auch europäische Luxusgüter – kaufen kann!

„Aber wie ist es mit Medina, gehört das auch mit zur Pilgerfahrt, und wie weit ist es überhaupt von Mekka entfernt?"

Medina liegt ca. 350 km nördlich von Mekka; es ist eine alte Siedlung, die Yathrib hieß. Als der Prophet 622 mit seinen

Getreuen auf Einladung der Bewohner von Yathrib dorthin ausgewandert war, wurde es bald *madīnat an-nabī*, „Stadt des Propheten", genannt. Dort starb er am 8. Juni 632 (12 Rabiᶜ al-awwal 11), und dort ist er begraben, und sehr viele Fromme verbinden einen Besuch an seinem Mausoleum, der *rauḍa*, mit der Pilgerfahrt; denn je größer die Verehrung für den Propheten im Lauf der Jahrhunderte wurde, desto mehr sehnten sich die Gläubigen, seine segensbringende letzte Ruhestätte zu besuchen, und Legenden erzählen, wie er, um jemanden zu verteidigen oder zu strafen, aus dem Grab sprach oder sogar seine Hand ausstreckte. Ungezählte Gedichte singen von dem „erleuchteten Medina", und je weiter die Dichter von dort entfernt sind, desto bewegender sind ihre Sehnsuchtslieder. Aber die saudische Regierung schätzt die Gräberverehrung nicht, da sie den ältesten strengen Lehren des Islam widerspricht.

„Noch eine Frage, kann man eigentlich auch außerhalb des Pilgermonats nach Mekka?"

Sicher, man vollzieht dann die ᶜumra, die kleine Pilgerfahrt, bei der das Verweilen auf der Ebene Arafat wegfällt, wo aber die Kaaba ebenfalls im Pilgergewand umwandelt wird. Die ᶜumra kann jederzeit stattfinden, am beliebtesten ist der siebte Mondmonat, Radschab. Viele meiner indischen und pakistanischen Freunde unterbrechen ihre Reise von Europa oder Amerika nach Hause, um die ᶜumra zu vollziehen, und ich habe sogar fromme Bekannte in Dschidda, die jede Woche einmal nach Mekka fliegen, um die ᶜumra durchzuführen.

„Ich bin jetzt wirklich gespannt, was mein türkischer Kollege mir dann nach der Rückkehr von seinen Erfahrungen berichten wird", sagt Christian. „Sehen möchte ich das ja doch mal!"

Nur: Als Nicht-Muslim dürfen Sie die heiligen Stätten nicht betreten! Da gibt es keine Ausnahme – und die wenigen europäischen Forscher, die im letzten Jahrhundert in Mekka waren, haben in ihren Büchern ja gezeigt, wie schwierig es für sie war, ihre Verkleidung zu bewahren.

9. Sunniten, Schia

„Die Zeitungen sind mal wieder voll von Nachrichten über Zusammenstöße zwischen Sunniten und Schiiten in Karachi", sagt Christian. „Was steckt da eigentlich dahinter? Was wollen die? Ist das so ähnlich wie Katholiken und Protestanten, die sich in Nordirland so schrecklich bekämpfen?"

Ein wenig ist es schon so, sage ich. Es handelt sich um ein Problem der echten Nachfolge des Propheten Muhammad, ein Problem also, das fast so alt ist wie der Islam selber. Als Muhammad im Jahr 632 starb, wählte man seinen Schwiegervater Abu Bakr, „den Aufrichtigen", zu seinem Nachfolger (Kalif); dann, nach dessen Tod, den strengen ᶜOmar, dessen Tochter Hafsa ebenfalls eine Frau des Propheten war, und als dieser Mann, den man manchmal als den „Paulus des Islam" bezeichnet hat, weil er mit eiserner Hand viele Regeln und Gesetze einführte und durchführte, 644 ermordet wurde, machte man ᶜOthman ibn ᶜAffan, aus einer alteingesessenen mekkanischen Familie, zum Kalifen; er war mit zwei Töchtern des Propheten verheiratet gewesen (nacheinander, denn man darf nicht mit zwei Schwestern gleichzeitig verheiratet sein). Ihm verdankt man die erste Rezension des Korans. Als auch er 656 ermordet wurde, übernahm ᶜAli ibn Abi Talib die Staatsführung. Er war ein Vetter des Propheten, hatte sich ihm sehr früh angeschlossen und dann seine jüngste Tochter Fatima geheiratet, die wenige Wochen oder Monate nach ihrem Vater 632 starb. Sie hatten zwei Söhne, Hasan und Husain, und mehrere Töchter. Als ein Verwandter ᶜOthmans, Muᶜawiya, sich ᶜAli im Kampf um die Macht entgegenstellte, trennten sich einige seiner Anhänger von ihm, denn Muᶜawiya, nahe daran, besiegt zu werden, wandte den Trick an, Koranblätter an die Lanzen zu binden. Damit wollte er sagen, die Schlacht müsse durch Gottes Wort, nicht durch Kampf entschieden werden. Die sich absetzende Gruppe wurde als Charidschiten bezeichnet, „die Ausziehenden"; sie waren ethische Maximalisten und meinten, nur der frömmste Mann in der Gemeinde könne Kalif sein; sie bekämpften jeden, der sich ihren strengen moralischen Vorschriften entgegenstellte. Später wurden sie von ᶜAlis Truppen geschlagen, und es gibt nur noch kleine Grüppchen von ihnen, vor allem im Berbergebiet.

„Und die Schiiten?"

Das ist die sogenannte *schīᶜat ᶜAlī*, die „Partei ᶜAlis", die sich dafür einsetzte, daß das Kalifat von den Nachkommen des Propheten übernommen würde; dies seien die rechtmäßigen Erben. Der erste Schia *imām* war ᶜAli ...

„Entschuldigung – was ist imām? Ist das nicht der Vorbeter?"

Ja, ganz richtig, aber in der Schia ist es der göttlich geleitete Führer der Gemeinde – auf ᶜAli folgte sein um 669 wohl durch Gift getöteter Sohn Hasan, dann der jüngere Husain, der 680 gegen die Regierungstruppen der omayyadischen Herrscher auszog und nach längerem Widerstand am 10. Muharram 61, der dem 10. Oktober 680 entspricht, bei Kerbela im Irak getötet wurde. Dieser Tod ist das Zentrum der schiitischen Frömmigkeit. Man gedenkt Husains im Muharram jeden Jahres, und Sie haben bestimmt schon Bilder von den Umzügen gesehen, die am 10. Muharram durch die Straßen iranischer oder indopakistanischer Städte ziehen, um des Märtyrertodes Husains zu gedenken. Im Lauf der Zeit hat sich eine reiche Literatur in Iran gebildet, richtige Schauspiele, in denen die verschiedensten Zeiten und Orte genial miteinander verbunden werden, um zu zeigen, daß Husains Tod das Zentralereignis der Weltgeschichte sei.

„Also eine Art Passionsspiel?" fragt Christian.

Gewissermaßen. Der Märtyrertod Husains ist das Modell für den Gläubigen – daraus erklärt sich auch der für uns so schwer verständliche Opferwille der Iraner im Krieg mit Irak!

In Indien hat sich die *marthiya*, das Trauergedicht, in Urdu und in anderen Sprachen entwickelt, und es ist faszinierend, an den Zusammenkünften teilzunehmen, die im Muharram täglich, oft mehrmals, von frommen Familien arrangiert werden, natürlich für Männer und Frauen getrennt. Da werden die Leiden der Prophetenfamilie erzählt, Gebete gesprochen, man schlägt sich an die Brust, und Flaggen sind aufgestellt, die an die Schlacht erinnern. Und man weint, denn Weinen um Husain ist verdienstlich ...

„Schön, aber das ist doch nicht der ganze Unterschied, nehme ich an!"

Nein, nach der Schlacht von Kerbela, die ein Sohn Husains überlebte, kristallisierten sich die Anhänger ᶜAlis um ihn, und er und seine Nachfolger versuchten die Rolle der Familie des Propheten als Leiter der Gemeinde aufrechtzuerhalten. Der fünfte Imam, Zaid, Husains Enkel, wurde 740 grausam hingerichtet, aber seine Anhänger, die Fünferschiiten oder Zaiditen, regierten erst in Nordiran und dann für Jahrhunderte, bis 1965, auch im Jemen. Der 6. Imam, Dschaᶜfar as-Sadiq (gest. 765), war ein in der ganzen islamischen Welt anerkannter Gelehrter; aber schon zu seinen Lebzeiten, 750, hatten die Abbasiden, Nachfahren von Muhammads Onkel ᶜAbbas, die politische Macht übernommen, und die Aliden wurden immer wieder verfolgt, während alidische Propagandisten versuchten, dem entgegenzuarbeiten. Damals durfte sich auch die Sitte, *taqiya* zu üben, entwickelt haben.

„Was ist denn das?" unterbricht Christian.

Das heißt, daß man in Gefahrensituationen seinen Glauben verheimlichen kann. – Aber gehen wir weiter: Beim siebten Imam spaltete sich die Linie. Dann ging es weiter bis zum 12. Imam, der, wie es heißt, 874 als kleines Kind verschwand. Nun hatte sich schon früher um einen Nachfahren ᶜAlis, allerdings ein Sohn nicht der Fatima, sondern von einem früheren Sklavenmädchen, die Legende gebildet, er sei verschwunden und werde am Ende der Zeiten wieder erscheinen – die

Legende vom verborgenen Helden ist ja überall verbreitet (Sie kennen sie auch bei uns in der Kyffhäusersage um Barbarossa). So glaubt man auch, der 12. Imam lebe weiter in der „größeren Verborgenheit" und regiere die Welt von dort aus durch seine Vertreter, die Religionsgelehrten. Diese Vorstellung wurde im 9. und 10. Jahrhundert theologisch ausgearbeitet, und schiitische Gruppen fanden sich überall im Nahen Osten, Iran und Indien. Aber nur in Iran wurde die Zwölferschia zur Staatsreligion, und zwar erst 1501, als Ismail aus dem Haus der Safaviden von Ardabil als Vierzehnjähriger die schiitische Religionsform in Iran offiziell einführte –, und dabei ist es dann geblieben, so daß Iran eine Sonderstellung unter den islamischen Ländern einnimmt. Die Rolle der *mudschtahids*, der Rechtsgelehrten, ist daher in Iran ganz anders und viel verantwortungsvoller als in den sunnitischen Ländern. Es gibt auch gewisse Unterschiede im Recht und in den Sitten; dem Gebetsruf wird hinzugefügt „cAli ist der Freund Gottes", und die drei ersten Kalifen werden oft verflucht – manchmal selbst von der Kanzel im Freitagsgebet, weil sie, wie man fand, cAlis Recht auf das Kalifat usurpiert hatten. Diese Ablehnung der ersten drei Kalifen ist ein Punkt, der die Beziehungen zwischen den Sunniten und Schiiten besonders belastet. Aber cAli wird immer stärker zum Helden, zu dem man sich wendet, und ein bestimmtes Gebet, das beginnt *nādi caliyyan*, „Ruf cAli an, der Wunder zeigt ...", ist bei den Schiiten besonders beliebt. Man findet es auf Karneolringen, auf Waffen, Schmuckstücken, denn es hat, wie man glaubt, große Segenskraft.

Es klingelt. Maria kommt, ganz aufgeregt: „Ich habe gestern im Fernsehen einen Film über den Aga Khan gesehen, das war vielleicht interessant! Aber ich weiß so wenig darüber, wie es dazu gekommen ist, daß es ihn und die Ismailis überhaupt gibt! Der Sprecher sagte, es sei eine schiitische Form des Islam! Wieso! Sind die Schiiten nicht in Iran!"

Ich versuche gerade, die Entwicklung zu erklären, sage ich. Die Schiiten in Iran und vielerorts in Indo-Pakistan führen die

Reihe der als *imām*, Leiter der Gemeinde, handelnden Nachkommen des Propheten durch seine Tochter Fatima bis zum
12., der in Verborgenheit lebt; aber schon früh spalteten sich
Gruppen ab, die, vom 7. Imam an, eine andere Reihenfolge
annahmen und sich um Ismail, den Sohn Dscha^cfar as-Sadiqs,
scharten. Daher nennt man sie oft Ismailis oder Siebener-
schiiten. Auch unter denen gab es wieder verschiedene
Zweige. Dazu gehören die Karmaten, die im 10. Jahrhundert
mit ihrem Gedanken eines religiösen Kommunismus vor
allem bei den armen Bewohnern der Salzmarschen im Irak
Anklang fanden und von den abbasidischen Kalifen als große
Gefahr angesehen wurden; sie entführten sogar einmal den
schwarzen Stein der Kaaba, so daß für Jahre keine Pilgerfahrt
möglich war. Viele der im weitesten Sinn „ismailitischen"
Gruppen nennt man *bāṭiniyya*, die „Leute des inneren Sin-
nes", weil sie ihre Anhänger langsam in immer tiefere innere
Schichten des Korans einführten und eine hochinteressante
Philosophie entwickelten, die viele neuplatonische Elemente
enthält und von periodischen Offenbarungen des Welt-Intel-
lektes spricht. Eine Gruppe war besonders erfolgreich; ihre
Führer ließen sich in Nordafrika nieder; sie nannten sich Fatimiden, d. h. solche, die von der Prophetentochter Fatima ab-
stammten. Im Jahr 969 eroberten sie Ägypten und gründeten
Kairo.

*„Aber ist Kairo nicht viel älter? Wo lebten denn die Muslime
vorher?" unterbricht Christian.*

Es gab Fustat, „das Zeltlager", wo die alten Wohnviertel lagen
und die ältesten Moscheen noch jetzt zu sehen sind; aber es
wurde zum Teil Kairos, dessen Name eigentlich *al-qāhira al-
mu^cizziyya*, „die überwindende Stadt des Kalifen al- Mu^cizz"
ist. Dort entstand auch die berühmte al-Azhar Moschee, die
später das Zentrum des sunnitischen Islam wurde. Sie können
eine sehr schöne Beschreibung Kairos in dem *Safar-Nāma* des
ismailitischen Dichterphilosophen Nasir-i Chusrau finden,
der gegen Ende des 11. Jahrhunderts in der Verbannung in
Badachschan, im nordöstlichen Afghanistan, starb. Sein Ge-

dicht über die Pilgerfahrt habe ich ja zitiert (s. o. S. 95f.). Für 200 Jahre standen Ägypten und Syrien unter fatimidischer Herrschaft und erlebten Zeiten unerhörten Glanzes. Allerdings war der dritte Herrscher in Ägypten, al-Hakim, ein seltsamer Mann, und als er 1021 geheimnisvoll verschwand, kam das Gerücht auf, er sei vergöttlicht, und seine Anhänger, die an ihn glaubten, sind bis heute als Drusen bekannt. Auch die Alaviten entwickelten sich aus diesen Bewegungen, die Nusairier – kurz eine ganze Anzahl ultraschiitischer Sekten, in deren Mittelpunkt die Gestalt cAlis steht, der geradezu vergöttlicht wird. Sie haben ihre Lehren aber immer geheimgehalten, und erst seit kurzem wissen wir etwas mehr darüber.

„Und der Aga Khan, wie paßt der ins Bild?" fragt Maria.

Als der fatimidische Kalif al-Mustansir 1094 nach sechzigjähriger Regierung starb, gab es, wie so oft, Nachfolgeprobleme; ein Teil seiner Untertanen wollte seinen ältesten Sohn, Nizar, als Nachfolger, aber der jüngere, al-Mustacli, war erfolgreicher. Nizar wurde nach Nord-Iran gebracht, und dort, auf der Festung Alamut, lebten seine Nachkommen zunächst, bis die Burg 1256 von den Mongolen erobert wurde. Es gab auch Nizari-Ismailis in Syrien; die machten den Kreuzfahrern sehr zu schaffen. Vielleicht habt ihr ja von dem „Alten vom Berge" gehört.

„Nein – aber gibt's denn noch Ismailis in Syrien?"

Durchaus! Aber die Gruppe in Alamut wurde, wie feindliche Gruppen behaupteten, ein Zentrum dessen, was wir jetzt als Terrorismus bezeichnen würden. Die absolute Hingabe an ihren Führer konnte dazu führen, daß sie politische Morde verübten. Später hielten sich kleinere Gruppen in Ost-Iran, Badachschan, auf. Missionare wurden nach Indien entsandt, so daß im heutigen Pakistan und in Gudscharat seit dem 12. Jahrhundert Ismaili-Gemeinden entstanden. 1840 kam das Haupt der Ismailiten, dem der persische Kaiser 1817 den Titel Agakhan verliehen hatte, aus Iran nach Bombay und wurde dann von den dort lebenden Ismailis, die ihre Tribute seit Jahrhunderten nach Iran geschickt hatten, als Oberhaupt anerkannt. Er ist der *Hazir Imam*, der „gegenwärtige Imam", dessen lebendige Präsenz die Gläubigen segnet. Es war der Enkel dieses Mannes, der als der Agakhan III., Sultan Muhammad, bekannt ist – im Westen kannte man hauptsächlich seinen sagenhaften Reichtum und, am Ende, seine französische Frau, die Begum, aber nur wenige wissen, daß er die Gemeinde neu organisierte, zu einer aktiven Gruppe umformte, in der die Frauen völlig gleichberechtigt sind. Er riet auch seinen indischen Anhängern, nach Ost-Afrika auszuwandern, wo sie zu erfolgreichen Geschäftsleuten wurden, von denen viele zur Zeit Idi Amins nach Kanada kamen und zu einem wichtigen Wirtschaftsfaktor wurden. Sein Enkel Karim setzt seine Arbeit fort, und die Gesundheitsfürsorge, das Agakhan-Krankenhaus in Karachi etwa, gehören zu den beeindruckendsten sozialen Einrichtungen in der modernen islamischen Welt.

„Was sagen denn die anderen Muslime dazu?"

Teilweise bewundern sie diese Aktivitäten, aber es gibt auch hin und wieder Angriffe orthodoxer Gruppen gegen Agakhan-Zentren. Die Ismailis haben nämlich keine Moscheen, sondern Versammlungsräume *(dschamaatkhana)*, wo sie sich zur gemeinsamen Andacht versammeln. Schweigende Meditation am frühen Morgen gehört zu ihren religiösen Pflichten.

„Was ist denn aus dem jüngeren Sohn von – wie hieß er noch – Mustansir ... geworden?"

Dessen Anhänger schickten Missionare in den Jemen, wurden dort vor allem von Königin Hurra unterstützt und missionierten ebenso wie die anderen Ismailis im westlichen Teil Indiens. Da sie meist gute Geschäftsleute waren, kennt man sie als *Bohoras;* das kommt von Gudscharati *vohra*, „Händler". Sie unterstehen *Sayyidnā*, „Unser Herr", dessen Herrschaft am ehesten einem Papsttum gleicht, ohne Zölibat natürlich, aber als geistlicher Führer und Repräsentant der göttlichen Macht kann er Dekrete verhängen, ja, für solche, die ihm nicht gehorchen, gibt es eine Art Exkommunikation. Diese Sekte hat in der indischen Innenpolitik eine wichtige Rolle gespielt ...

„Aber was sind nun eigentlich die Sunniten?"

Es ist die große Mehrheit der Muslime, die *ahl as-sunna wa l-dschamā^ca*, die Leute, die der Tradition, *sunna*, des Propheten folgen und sich mit der normalen Gemeinschaft, *dschamā^ca*, identifizieren, d. h. diejenigen, die nicht wie die Schiiten das legitimistische Prinzip für den Leiter der Gemeinde akzeptierten, sondern damit zufrieden waren, daß der Kalif ein Mitglied der Sippe des Propheten war. Natürlich haben sich unter ihnen ebenfalls viele Zweige gebildet, nicht nur die vier Rechtsschulen, die es gibt, sondern theologische Schulen aller Art, Mystiker und Fundamentalisten kommen vor. Doch sie werden alle zusammengehalten durch ihr Festhalten an den einfachen Grundsätzen des Islam und tadeln an den Schiiten oftmals die übertriebene Betonung des Legitimitätsprinzips und die bis zur Vergöttlichung gesteigerte Verehrung ^cAlis. Aber alle, Sunniten und Schiiten, sind geeint in der Anbetung des einen und einzigen Gottes und beten alle zur gleichen Richtung, nämlich der Kaaba in Mekka.

„Noch eine Frage: Akzeptieren die Schiiten denn auch die sunna?"

Gewiß! Vielleicht wählen sie dann und wann andere Sätze aus, aber nicht nur die Traditionen des Propheten, sondern auch die ^cAlis und der Imame spielen bei ihnen eine große Rolle.

10. Die Scharia, das Rechtssystem

„Sie haben mir immer so viele schöne und interessante Sachen über den Islam erzählt", sagt Maria. „Aber jetzt ist ein Freund meines Vaters aus Saudi Arabien zurückgekommen, wo er geschäftlich zu tun hatte, und der hat erzählt, daß es da Plätze gibt, wo öffentliche Hinrichtungen stattfinden und wo Dieben die rechte Hand abgehackt wird. Das ist doch fürchterlich! Wie kommt so etwas? Das geht doch gegen alle Menschenrechte ...! Und sie haben gesagt, sie folgten der Scharia ... was ist das?"

Die Auseinandersetzung mit der Scharia ist etwas, das den Nicht-Muslimen und zunehmend auch vielen Muslimen große Probleme bereitet, und dennoch versuchen immer wieder Staaten, die sich „islamisch" nennen, die Scharia zum eigentlichen Rechtssystem ihres Landes zu machen.

„Ja, aber was ist das denn genau? Was heißt das Wort überhaupt?"

Wir übersetzen es mit „gottgegebenes Gesetz", aber der Grundsinn von *schari^ca* ist „der breite Weg", der in der Wüste zur Wasserstelle führt. Nur wenn der Reisende sich an den hält, kann er überleben, sonst verirrt er sich und stirbt elend. Wenn man sieht, wie oft im Koran von „Irregehen" und damit Verderben gesprochen wird, versteht man vielleicht die Bedeutung eher, denn sich selbst überlassen zu werden, ist für den Wüstenwanderer die schlimmste Strafe. Im Koran heißt es (Sure 45,18): „Dann gaben Wir dir eine *schari^ca* in der Religion, folge ihr und nicht den Gelüsten der Unwissenden." Man kann die Scharia definieren als die Gesamtheit der auf die Handlungen der Menschen bezüglichen Vorschriften Allahs.

„Wieso das? Ist das dann so etwas wie die Zehn Gebote oder wie das Kirchenrecht?"

Nicht ganz. Man hat gesagt, im Islam habe Gott Seinen Willen im Gesetz offenbart und der Mensch sei durch das Gesetz definiert. Die Scharia, wie wir sie kennen, hat sich erst im Lauf der Zeit entwickelt, denn der Koran enthielt nur wenige juristische Anordnungen, z. B. über Familien- und Erbrecht. In der ersten Zeit, als noch viele Menschen lebten, die genau sich erinnerten, wie der Prophet Muhammad in diesem oder jenem Fall gehandelt hatte, folgte man seinem Beispiel, richtete sich nach seiner *sunna*, seiner Gewohnheit, wie sie im Hadith dargelegt war, und zog dann Analogieschlüsse. Aber da das islamische Reich sich sehr rasch immer weiter ausdehnte, wurden die Muslime mit vielen neuen Bräuchen und juristischen Problemen konfrontiert, ebenso wie mit dem alten Gewohnheitsrecht der verschiedenen Länder.

„Gibt es denn kein Werk wie das BGB bei uns?"

Nein, das islamische Recht ist niemals in unserem Sinn kodifiziert worden. Zunächst unternahmen einige Gelehrte den Versuch, bestimmte Regeln auszuarbeiten; diese Wissenschaft vom Recht heißt *fiqh*, eigentlich „Nachdenken", und der Rechtsgelehrte ist ein *faqīh*. Man sollte sich die Namen der ersten Rechtsgelehrten merken, denn nach ihnen sind die vier Rechtsschulen genannt, die sich bis heute in der islamischen Welt gehalten haben. Abu Hanifa aus dem Irak, der 767 starb, hat das Prinzip des *qiyās*, des Analogieschlusses, weitgehend ausgearbeitet; man warf ihm auch vor, zu viel „eigene Meinung", *ra'y*, anzuwenden. Seine Schule, die Hanafiten, findet man in erster Linie in den türkisch beherrschten Gebieten, auch in Nord-Indien. Etwas später wurde in Medina, wo sich viele fromme Gelehrte aufhielten, durch Malik ibn Anas der erste Versuch gemacht, das Gewohnheitsrecht Medinas in seinem Buch ‚Al-Muwatta' darzulegen, das ist das erste Werk über juristische Fragen. Seine Anschauungen sind konservativer als die Abu Hanifas, da er ja die Tradition der alten heiligen Stadt übernahm. Die Malikiten finden wir hauptsächlich im westlichen Teil der islamischen Welt. Eine Art Mittelweg zwischen den beiden Strömungen – denen, die ganz an der Tradition festhielten *(ahl al-ḥadīth)*, und denen, die sich eine eigene Meinung bildeten *(ahl ar-ra'y)* – fand asch-Schafiᶜi, der 820 in Kairo starb und dessen Schule am weitesten verbreitet ist, bis hin nach Indonesien. Schließlich gibt es noch Ahmad ibn Hanbal (gest. 855), der ein ganz enger Traditionarier war und keine juristischen Spekulationen zuließ. Im Mittelalter spielten Hanbaliten eine wichtige kulturelle Rolle. Besonders Ibn Taimiyya (gest. 1328) zeichnete sich durch energische Angriffe gegen das aus, was er als sündhafte Neuerungen ansah, wie etwa populären Heiligenkult. Im 18. Jahrhundert entstand auf dem Boden der hanbalitischen Tradition in Arabien die Bewegung Muhammad ibn ᶜAbdul-Wahhabs; das ist die Richtung, die bis heute in Saudi Arabien herrscht. In der Frühzeit gab es noch andere Schulen, die aber verschwanden. Übrigens heißt eine solche Rechtsschule *madhhab*, das ist eigentlich „der Weg, auf dem man geht."

„Sind das nun Sekten, oder sind sie so unterschiedlich wie Katholiken und Protestanten?"

Nein, die *madhhabs* haben immer friedlich nebeneinander bestanden, und Mitglieder derselben Familie konnten verschiedenen *madhhabs* angehören. Die Unterschiede zwischen ihnen sind gering; die einen betonen stärker die Bedeutung des *ḥadith*, die anderen erlauben etwas mehr Spekulation, und so gibt es z. B. Fragen wie die genaue Haltung der Hände beim Gebet, die verschieden vorgeschrieben wird.

„Das hat aber doch nichts mit dem Recht zu tun!" wirft Maria ein.

Nach unserem Verständnis wohl kaum; aber im Islam sind alle Aspekte des Lebens von der Scharia geregelt, also auch die kultischen Pflichten; dann erst kommt das Privatrecht und das öffentliche Recht. Es gibt die sogenannten *uṣūl al-fiqh*, das sind die Wurzeln der Rechtswissenschaft, auf denen sich alles aufbaut, nämlich Koran, *sunna* (Tradition), *qiyās* (Analogieschluß), und *idschmāᶜ*, das ist „Übereinstimmung". Früher bedeutete dies, daß eine bestimmte juristische Entscheidung in ihrer Gültigkeit nicht angefochten wurde. Dann aber wurde es zu einer stillschweigenden Anerkennung von einmal gegebenen Fakten. Zunächst war *idschmāᶜ* eine Möglichkeit, neue Gedanken ins Recht einzuführen, indem man sie schweigend akzeptierte, aber dann wurde es zu einem Hemmschuh der Entwicklung, weil man glaubte, daß etwas, das einmal in der Frühzeit durch *idschmāᶜ* akzeptiert war, nicht mehr verändert werden könne; die freie Forschung in den genannten Rechtsquellen sei von einem bestimmten Zeitpunkt an – das ist etwa im 11. Jahrhundert unserer Zeitrechnung – nicht mehr möglich, oder wie man sagt, „das Tor des *idschtihād*, der freien Forschung, sei geschlossen". Der Gläubige müsse sich in jeder Hinsicht den Traditionen fügen, die in seinem *madhhab* ein für allemal festgeschrieben seien. Man kann sich denken, daß dadurch sehr vieles, was uns heute längst überholt vorkommt, von orthodoxen Muslimen als bindend angesehen wird. Eben aus diesem Grund haben sich immer wieder Gelehrte gefunden, die das Recht der freien Forschung für sich beanspruchten und die versuchten, eine neue Auslegung der „Wurzeln" der Rechtsgelehrsamkeit zu entwickeln. Aber solche Versuche sind stets auf Widerstand bei den Vertretern der Rechtsschulen gestoßen.

„Ja", meint Maria, „jetzt wird mir einiges doch klarer. Aber sagen Sie mir bitte, was steht denn in den Werken, die die Rechtsgelehrten benutzen? Wie sind sie aufgebaut?"

Zunächst einmal wird definiert, wer mit der Ausübung einer bestimmten Pflicht „belastet", *mukallaf*, ist: Er oder sie muß im Besitz der Verstandeskräfte sein. Für Geisteskranke gilt das Gesetz nicht; der Irre ist nicht verantwortlich, und deshalb hat der große persische Dichter ᶜAttar seine Kritik an Gott und den Weltherrschern immer Irren in den Mund gelegt! ... Im allgemeinen ist auch Volljährigkeit eine Bedingung für die

Ausübung der Pflichten. Dann gibt es fünf Kategorien an Werken: Pflicht, empfohlen, gleichgültig, verwerflich und verboten. Pflicht ist etwas, dessen Ausführung belohnt und dessen Nicht-Ausführung bestraft wird; empfehlenswert, dessen Ausführung belohnt und Nicht-Ausführung nicht bestraft wird; gleichgültig gehört keiner der beiden Kategorien an, verwerflich ist, dessen Ausführung nicht bestraft, aber dessen Unterlassung belohnt wird, und verboten ist, dessen Ausführung bestraft und dessen Unterlassung belohnt wird.

„Von wem bestraft? Vom Richter?"

Nein, von Gott bei der Auferstehung, denn alle Lebensverhältnisse werden religiös bewertet. Manche der Vorschriften sind mit dem Verstand nicht zu begreifen, aber sie *müssen* akzeptiert werden, weil sie, im Koran verankert, Gottes Wille sind.

Es gibt aber noch andere juristische Kategorien, nämlich gültig, verwerflich und ungültig; eine verbotene Handlung kann juristisch gesehen gültig sein. – Der erste Teil der Scharia befaßt sich, wie schon erwähnt, mit den ᶜibādāt, den religiösen Pflichten, d. h. Ritualgebet, Armensteuer, Fasten und Pilgerfahrt, deren Details jeweils höchst ausführlich dargelegt sind, etwa die Sätze für die zakāt, die Armensteuer, auf Vieh oder Waren oder Häuser ... Dann kommt das in unserem Sinn eigentlich Juristische, nämlich Personenrecht, Handelsrecht usw. Hier finden wir manche Regeln, die uns schwer verständlich scheinen: Weshalb braucht man zwei Frauen als Zeugen, aber nur einen männlichen Zeugen? Warum ist das Blutgeld für eine freie Frau nur halb so hoch wie für einen Mann? Viele der Probleme der Frauen gehen auf solche Regelungen zurück. Noch schwieriger ist für uns das Strafrecht zu verstehen. Es gibt nämlich Strafen für Verbrechen, die das „Recht Gottes" verletzen, also die im Koran ausdrücklich verboten sind, wie Unzucht, Alkoholgenuß, Diebstahl. Dafür hat man sehr harte Strafen. Die Steinigung bei Ehebruch ist zwar nicht im Koran vorgeschrieben, wurde aber sehr früh eingeführt; sonst ist Auspeitschen Vorschrift.

„Ist das nicht furchtbar?"

Ja, es ist wirklich furchtbar! Aber gerade im Fall der Unzucht ist es notwendig, daß vier unbescholtene Zeugen den Vorgang in allen Einzelheiten beobachtet haben, um Zeugnis gegen die Beschuldigten ablegen zu können – und wo kann das wohl möglich sein? Wer eine Person fälschlich der Unzucht beschuldigt, muß mit schwerer Strafe rechnen. Beim Weintrinken gilt auch das Auspeitschen, obgleich es viele Möglichkeiten gibt, das koranische Weinverbot zu umgehen. In den früheren Offenbarungen wird übrigens nur gesagt, man solle sich „nicht dem Gebet nahen, wenn man trunken ist" (Sure 4,43), aber in einer zeitlich späteren Offenbarung wird der Wein zu den „Greueln" gerechnet, deren sich der Gläubige enthalten soll (Sure 5,90).

Da die Strafen für die genannten Übertretungen so entsetzlich hart sind, wird dem Richter empfohlen, den Prozeß möglichst zugunsten des Beschuldigten zu führen; selbst eine Leugnung der Tat ist akzeptabel, wenn man dadurch straffrei ausgehen kann. So hängt viel vom Richter, dem Qadi, ab. Bei Mord, d. h. vorsätzlicher widerrechtlicher Tötung, kann Blutrache geübt oder auch Blutgeld gezahlt werden. Auch da gibt es komplizierte Regeln, und wenn die Familie des Ermordeten dem Täter verzeiht, verringert sich die Strafe. Manche Modernisten meinen auch, die Strafen seien bewußt als Abschreckungsmaßnahmen so hart formuliert worden.

„Das ist ja wahnsinnig verwirrend!" meint Maria, und als Nicht-Juristin kann ich ihr nur beipflichten.

Aber wenn man erst ans Erbrecht kommt, wird es ganz schwierig! Denn man unterscheidet die aus dem altarabischen Rechtswesen übernommene Sitte, daß die männlichen Verwandten des Mannes in aufsteigender Linie die einzigen Erben sind, während Sure 4,12–15 genaue Kategorien von Quotenerben aufzählt.

„Kann man denn kein Testament machen?"

Nicht so, wie wir es kennen. Der Erblasser kann nur über ein Drittel seines Vermögens frei verfügen. Aber er kann eine Stiftung zu Lebzeiten machen. Das ist der *waqf* (plural *auqāf*; oder *ḥubs*), was man formuliert hat als „eine Sache, die bei Erhaltung ihrer Substanz einen Nutzen abwirft und bei welcher der Eigentümer seine Verfügungsgewalt aufgegeben hat mit der Bestimmung, daß ihr Nutzen für erlaubte gute Zwecke verwendet wird". Man kann alles stiften, Moscheen, Bücher, eine Schule, und es gibt auch Stiftungen zum Nutzen der Familie. Man konnte sich damit gewissermaßen ein Denkmal setzen. Stiftungen sind steuerfrei, was für den Staat eine gewaltige Belastung bedeutet. Deshalb hat man seit Jahrzehnten nach Wegen gesucht, diese „toten Güter" auf irgendeine Art dem allgemeinen Gebrauch zuzuführen. In vielen Ländern gibt es zudem eine Auqaf-Verwaltung, der mit Stiftungen, aber auch generell religiösen Problemen zusammenhängende Aufgaben zukommen.

„Also kein Testament", meint Maria nachdenklich: „Aber erben Frauen auch?"

Ja, nach koranischem Recht erhält die Tochter die Hälfte der Erbschaft, wenn kein Sohn da ist; sind es mehrere Töchter und kein Bruder, so erben sie zusammen zwei Drittel, sind aber Brüder da, so verringert sich der Anteil. Man hat oft versucht, die Verteilung des Erbes so hinzubiegen, daß die Töchter leer ausgehen (wer konnte schon prüfen, wie sich eine Erbschaft auf sagen wir 39 Quotenerben verteilen ließ?). Im schiitischen Recht, das sich ziemlich stark vom sunnitischen unterscheidet, stehen die Frauen übrigens besser da.

„Noch eine Frage: Was steht denn in der Scharia über die Regierung?"

Der staatsrechtliche Teil der Scharia ist weitgehend Theorie geblieben. Der Leiter der Gemeinde, also in klassischer Zeit der Kalif, hat keine juristischen Befugnisse und ist der Scharia genau so unterworfen wie jeder seiner Untertanen, d. h. man kann sagen, daß die eigentlichen Herrscher die Rechts-

gelehrten sind – ein Ideal, das man zur Zeit in Iran zu verwirklichen sucht. Aber aus der Geschichte wissen wir, daß der
Herrscher neben den religiösen Gelehrten und den nach der
Scharia richtenden Qadis auch weltliche Gerichtshöfe hatte,
die sich um Probleme kümmerten, die von der Scharia nicht
abgedeckt waren. Daher wurde „Regierung" von vielen Frommen mit „Übel" fast gleichgesetzt; Fromme vermieden es, das
Qadi-Amt anzunehmen – und dennoch lehrt das Gesetz den
Gehorsam gegen die muslimische Obrigkeit, wenn es auch
das Recht zur Auflehnung gibt.

„Und wie ist es mit der Demokratie?"

Die Modernisten leiten aus dem koranischen Begriff der
schūrā, des Sich-Beratschlagens, die Vorstellung ab, daß die
ideale Gesellschaft nicht von einem einzelnen, sondern von
einem „Konsortium" geleitet werden soll (s. Sure 42,38).

*„Ich finde, da gibt es doch eine gewaltige Kluft zwischen
Gesetz und praktischer Wirklichkeit", meint Maria.*

Völlig richtig. Aber ich muß noch auf einen Unterschied im
Recht aufmerksam machen, der im Laufe der Zeit politische
Bedeutung bekommen hat, obgleich er nicht koranisch verankert ist. Das ist der Unterschied zwischen *dār al-islām* und
dār al-ḥarb, dem „Gebiet des Islam" und dem „Gebiet des
Krieges". Das letztere ist von Nichtmuslimen bewohnt
und beherrscht, und das Ideal ist, daß im Lauf der Zeit die *dār
al-islām* die gesamte Welt umfaßt. Solange eine muslimische
Obrigkeit vorhanden war, gab es mit dieser Unterscheidung
keine Probleme, aber als die Kolonialmächte große Gebiete im
islamischen Orient eroberten, erhob sich die Frage: Ist ein
von Fremden beherrschtes, wenn auch mehrheitlich von
Muslimen bewohntes Gebiet dann *dār al-ḥarb?* Muß der
Fromme dann nicht in ein rein islamisches Land aus-
wandern? Solche Gedanken unterliegen manchen Bewegungen im indischen Subkontinent im 19. und 20. Jahrhundert,
und der Traum, ein wirkliches islamisches Heimatland
für Muslime zu schaffen, die mit einer Hindu-Mehrheit kon-

frontiert waren, steht auch hinter dem Konzept des Staates Pakistan.

„Ach, deshalb sind die Hindus alle ausgewandert." Maria erinnert sich vage an das, was sie über die Teilung des indischen Subkontinents 1947 einmal gelesen hatte.

Aber diese schreckliche Massenauswanderung wäre nicht nötig gewesen, denn Nicht-Muslime bestimmter Kategorien können ohne weiteres in einem islamischen Land leben. Es gibt ja den Status des *dhimmī*, des Schutzbefohlenen, der gegen Zahlung einer bestimmten Schutzsteuer und besonderer Bodensteuer im islamischen Reich lebt; die *dhimmīs* sind ursprünglich die „Buchbesitzer", d. h. Leute, die eine offenbarte Schrift haben, wie Tora und Evangelium, also Christen, Juden, Sabier, dann kamen Zoroastrier dazu und in Indien auch Buddhisten und Hindus. Sie verwalten sich unter ihrem religiösen Oberhaupt und sind vom Kriegsdienst ausgenommen; sie können jedes Amt übernehmen, mit Ausnahme des Staatsoberhauptes, denn der Herrscher muß ja die Gemeinde „im Gebet und im Kampf" leiten. Es hat viele christliche Übersetzer und Ärzte im Laufe der Jahrhunderte gegeben, viele jüdische Gelehrte und Finanzmanager, und als die Juden im Zuge der Reconquista 1492 aus Spanien vertrieben wurden, wandten sich viele von ihnen ins Osmanische Reich, vor allem nach Istanbul, wo sie durch die Jahrhunderte ein gesichertes Leben führten. Damals war ja Palästina Teil des Osmanischen Reiches ...

„Das ist ja interessant", meint Maria. „Also die Minderheiten hatten gewisse Rechte ... selbst wenn sie nicht völlig gleichberechtigt waren."

Ja, man kann auch Botschafter islamischer Länder finden, oder hohe Juristen, die zu den *dhimmīs* gehören. Übrigens darf der Muslim eine Frau von den *dhimmīs* heiraten, während die Muslimin nur einen Muslim heiraten darf.

„Und was ist eine Fatwa? Ist das wirklich ein Todesurteil?"

Aber nein! Wenn der Muslim, oder ein Richter, irgendeine Rechtsauskunft braucht, kann er sich an einen geschulten Juristen wenden, der auf Grund der ihm vorliegenden Traditionen das Problem lösen kann; auf alle Fälle muß ein Präzedenzfall vorliegen, und der Mufti – so heißt der Jurist, der Fatwas gibt – darf nicht nach persönlichem Ermessen urteilen. Man kann komplizierte Erbstreitigkeiten durch eine Fatwa lösen lassen, oder eine Frau fragt an, ob sie sich das Haar abschneiden lassen darf oder ob eine Lebertransplantation erlaubt ist. Sammlungen von *fatwās*, wie sie immer wieder angelegt wurden, sind wertvolle Quellen zur Sozialgeschichte, weil sie einen Einblick in das „reale Leben" bieten. Es kam und kommt natürlich vor, daß Juristen verschiedener *madhhabs* zu ganz verschiedenen Antworten kommen. Wenn eine *fatwā* jedoch ein Todesurteil enthält, muß das erst vor einem regulären Gericht verhandelt werden. So spricht übrigens Goethes Gedicht „Fetwa" im ‚West-Östlichen Divan' von einem osmanischen Juristen, der einen mystischen Dichter verurteilt und ihm dasselbe Schicksal zuspricht wie seinen Büchern, die er gerade ins Feuer wirft. Aber hier irrt Goethe; der Islam hat niemals eine Ketzerverbrennung oder Todesstrafe durch Feuer erlaubt.

„Na, das ist doch mal etwas!"

Und noch eins, ein Wort des Propheten Muhammad, das in den zuverlässigsten Traditionsquellen überliefert ist, sagt: „Frage dein Herz um eine Fatwa, auch wenn die Juristen ihre Fatwas gegeben haben", das bedeutet, die letzte Instanz für moralisches Handeln ist das Herz, das Gewissen des Menschen.

„Und wie werden diese Juristen ausgebildet?"

Die traditionelle Ausbildung beginnt in der Kinderschule, die meist einer Moschee angegliedert war, und teilweise noch ist. Aber die höhere Ausbildung fand in der Madrasa statt, das ist eine Lehranstalt (*darasa* heißt lehren), in der die Studenten Arabisch, Koranexegese, Hadith und andere Fächer studieren konnten. Ein besonders wichtiges Fach war *farā'iḍ*, die Lehre von den Pflichtteilen im Erbrecht. Die Madrasen entwickelten sich besonders im östlichen Teil der islamischen Welt etwa vom 11. Jahrhundert an; sie boten kleine Zellen, wo die Studenten wohnen konnten, und die Lehrer trugen ihren Stoff vor; man hörte bei ihnen, und oft wurde auch diktiert. Viele alte Manuskripte tragen Vermerke der Eigentümer, von wem sie den Inhalt dieses Werkes „gehört" hatten. Die Studenten konnten fragen, aber eine der wichtigsten Pflichten war das Auswendiglernen des Textes. Man kann heute noch sehen, daß muslimische Studenten, die aus traditionellen Lehranstalten kommen, eher zum Auswendiglernen von Texten neigen als zu selbständigen kritischen Auseinandersetzungen mit der Materie. Es gab auch Madrasen, in denen bestimmte Schwerpunkte wie Mathematik, Naturwissenschaften oder Logik gelehrt wurden. Aber langsam werden die alten Schulsysteme doch durch modernere abgelöst.

Manche Madrasen, und auch andere Institutionen, zeichneten sich durch große kostbare Bibliotheken aus, und die Bibliophilie war ohnehin ein Kennzeichen vieler Gelehrter – und ihre „Fruchtbarkeit" war fast unglaublich. Wenn man einmal so ein Manuskript in winziger Schrift in der Hand gehalten hat, sieht man, wie emsig gearbeitet wurde, und viele wissenschaftliche Werke wurden durch Scholien und Kommentare erweitert. –

Man darf übrigens nicht denken, daß nur die Scharia maßgebend für das Leben ist. Ich erwähnte schon die weltliche Gerichtsbarkeit, die oft von den Herrschern eingesetzt wurde, aber wichtiger noch ist das Gewohnheitsrecht der einzelnen Gebiete, das neben der Scharia praktiziert wurde und für die Bevölkerung wahrscheinlich noch interessanter war. In den letzten Jahrzehnten haben viele Länder europäische Rechtssysteme übernommen; die Kolonialmächte brachten ihr jeweiliges Recht mit, die Türkei führte in den späteren zwanziger Jahren das Schweizerische Recht ein, und so ist die Scharia hauptsächlich auf das Personenstandsrecht beschränkt geblieben. Aber wie wir anfangs sahen, es gibt Tendenzen, ihr wieder in vollem Umfang zur Geltung zu verhelfen. Ein Problem, das für uns besonders schwer zu verstehen ist, ist, daß viele der Vorschriften zwar hart und unbiegsam erscheinen, daß es aber ungezählte Wege gibt, Erleichterungen zu schaffen, denn im Koran heißt es auch: „Gott will es euch leicht und nicht schwer machen" (Sure 2,185). Wenn man, sagen wir, das Handelsrecht ansieht, wird man finden, wie man mit Hilfe von Rechtskniffen zum Beispiel das koranische Verbot des Wucherzinses zu umgehen verstand, etwa durch fiktive Verkäufe – auch die modernen islamischen Banken verwenden interessante Methoden. In jedem Fall: Es ist Pflicht des Muslims, die Gültigkeit der Scharia absolut anzuerkennen; selbst wenn er sich nicht immer an die Regeln hält, bleibt er doch ein Muslim, solange er die Verbindlichkeit des gottgegebenen Gesetzes nicht leugnet.

„Aber trotzdem verstehe ich das Ganze nicht ...", *seufzt Maria, und sie hat richtig erkannt, daß für den modernen Menschen des Westens hier große Schwierigkeiten im Verständnis des Islam liegen.*

Hatten nicht die Mystiker und Philosophen immer wieder die Enge des Gesetzes, die Verknöcherung des Islams in der Hand der Mollas (das ist von *Maulā*, „Herr", abgeleitet, einem Titel, der gern den Gesetzesgelehrten gegeben wurde) getadelt und auf die freie, lebendige Gottesliebe oder auf intellektuelle Erkenntnis als notwendige Ergänzung hingewiesen?

11. Dogmatik und Philosophie

„Kommen Sie Sonntag mit uns zur Eröffnung der Kunstaus-stellung?" fragt Christian.

Wenn es irgend geht, gern, inschallah!

„Nun sagen Sie auch schon inschallah, wie meine türkischen Mitarbeiter das so oft tun. Ich weiß nicht, was ich damit an-fangen soll. Können Sie mir's erklären?"

In schā'Allāh heißt „Wenn Gott will", und man soll es vor jeder zukünftigen Handlung sagen, so wie wir in früheren Zei-ten auch zu sagen pflegten: „So Gott will" oder Deo volente.

„Aber warum denn? Ein Ausstellungsbesuch hat doch nichts mit Gottes Willen zu tun!"

Doch, wenn man es vom religiösen Standpunkt aus sieht, dann schon. Denn zwischen heute und Sonntag kann ich mir, Gott behüte, das Bein brechen, ich kann Sonntag die Bahn ver-passen, oder ich bekomme plötzlich Besuch – also, liegt es in meiner Hand, zu kommen?

„Na, das klingt aber sehr an den Haaren herbeigezogen!"

Das hängt vom Standpunkt ab. Wenn man, wie der Muslim, glaubt, daß alles unmittelbar von Gott geregelt und bestimmt wird, dann hat es Sinn, und Gott ist ja die erste und direkte Quelle allen Einflusses; die sekundären Ursachen sind für Ihn, wie der Gläubige es sieht, nichts anderes als Instrumente, die Er verwendet, um Seinen Willen auszuführen, und nach klas-sischer Auffassung gibt es keine Kausalgesetze; alles ist die „Gewohnheit Gottes", so daß ein Wunder etwas ist, das Gottes Gewohnheit durchbricht. Wenn Er also nicht will, daß Feuer jemanden verbrennt, so brennt es eben nicht.

„Das kann ich mir nicht vorstellen. Aber was ich gemerkt habe, ist, daß man Inschallah sagt, wenn man etwas nicht tun möchte ..."

Das kommt vor, aber es ist im Grunde nicht die richtige Anwendung. Sie sollten an das große Problem von Vorherbestimmung und freiem Willen denken, das die Muslime seit alters her genau so beunruhigt hat wie uns heute. Ich habe das Maria schon einmal andeutend zu erklären gesucht, denn es ist wichtig, weil sich die islamische Theologie und gewissermaßen auch Philosophie anfänglich aus diesem Problem der Willensfreiheit entwickelt hat.

Zur Zeit Muhammads und seiner ersten Nachfolger stellte sich das Problem nicht theoretisch. Es war eine Glaubensfrage, denn der Koran sagt ja an manchen Stellen, daß alles von Gott vorbestimmt sei, und an anderen, daß der Mensch für seine Taten zur Rechenschaft gezogen wird. Als nun nach der Ermordung ᶜAlis, des vierten der „rechtgeleiteten Kalifen" im Jahr 661, die Familie der Omayyaden die Herrschaft über die Muslime übernahm, fanden die Frommen, daß die Herrscher ein viel zu weltliches Leben führten; sie vergnügten sich, erbauten prächtige Schlösser, und wenn sie auch das Gebiet des Islam weiter ausdehnten, entsprachen sie keineswegs dem Ideal frommer Asketen. So erhob sich die Frage: Was ist ihre Stellung im Islam? Kann der Glaube durch Werke zunehmen? Soll man sie verurteilen als Nicht-Muslime? Eine Gruppe von Gläubigen fand, kein Mensch könne einen anderen Muslim verurteilen, der sich zum Glauben an Gott und Seinen Propheten bekannte. Man müsse das Urteil über sie „aufschieben", es Gott überlassen. Diese Gruppe wurde *Murdschiten*, „die Aufschiebenden", genannt. Andere wieder, die an absolute Vorherbestimmung glaubten, meinten, wenn alles seit Urewigkeit „aufgeschrieben", *maktūb*, sei, könne man dem Einzelnen ja eigentlich keine Verantwortung für seine Handlungen zuschreiben. Auch in späterer Zeit wurde manchesmal die Entschuldigung für laxes oder unfrommes, ja sündhaftes Verhalten auf die Vorherbestimmung abgeschoben. Andere wiederum beriefen sich auf das Recht des Menschen auf freien Willen. Und es gab eine wichtige Gruppe, die als Muᶜtaziliten bezeichnet werden, weil sie in der Frage, ob der Gläubige, der eine große Sünde (wie Mord oder Unzucht) begangen habe, noch als Muslim zu bezeichnen sei, eine Zwischenstellung einnahmen. Sie meinten, er sei „zwischen Glauben und Unglauben". Sie waren es, die wohl erstmals versuchten, mit intellektuellen Mitteln an die theologischen Prämissen zu gehen, und man hat sie daher früher als „Freidenker des Islam" gepriesen. Aber in ihrer Religionspolitik waren sie genau so intolerant wie die ganz buchstabengläubigen Frommen; ja, sie verfolgten diejenigen, die nicht an ihre Prinzipien glaubten, unnachgiebig und hielten solche, die ihren intellektuellen Erklärungen nicht folgen konnten oder wollten, für ungläubig.

„Was waren denn die Prinzipien, die man annehmen sollte?"

Es waren fünf Punkte, aber am allerwichtigsten waren ’adl wa tauḥīd. „ᶜadl" heißt „Gerechtigkeit". Für die Muᶜtazila bedeutet das, daß Gott absolut gerecht sein muß, daß aber seine Gerechtigkeit nach menschlichen Maßstäben gemessen wird. Er muß jedes Leiden im Diesseits, das Mensch und Tier unrechtmäßig erduldet haben, im Jenseits kompensieren. Man vergaß offenbar, daß es im Koran ja heißt: „Er wird nicht gefragt über das, was Er tut" (Sure 21,24). Wichtiger noch für die Rolle der Muᶜtazila ist das Prinzip des tauḥīd, der Bezeugung und Anerkenntnis, daß Gott Einer ist.

„Aber das muß doch jeder Muslim anerkennen, wenn ich es recht verstanden habe", wirft Christian ein.

Das schon, aber für die Muᶜtaziliten bedeutet es, daß sie keine mit Gott gleichewigen Attribute akzeptieren. Damit wurde die schon damals entwickelte Vorstellung, daß der Koran Gottes mit Ihm gleich-ewiges Wort ist, erschüttert. „Ungeschaffen", ja, das ging an; aber kein Attribut, auch das Sprechen nicht, konnte mit Gott gleich-ewig sein. Als einige der abbasidischen Kalifen die Muᶜtazila zur offiziellen Religion machten (das begann 827, dauerte aber kaum mehr als drei Jahrzehnte), setzte eine harte Verfolgung der Altgläubigen ein. Man versuchte also eine Intellektualisierung der Religion, und der einfache Mensch, der glaubte, seine Anschauungen ohne Hilfe des Verstandes verteidigen zu können, war gewissermaßen ein Outcast. Die Mu^ctaziliten waren große Anreger, die erstmals philosophische Gedanken in die Theologie einführten und zu einer Entwicklung der theologischen Arbeit führten, die man als *kalām* bezeichnet, was man am besten als „scholastische Theologie" übersetzt. Aber die Aversion der Altgläubigen blieb unerschütterlich, wenn auch einige ihrer Führer gefangengesetzt und mißhandelt wurden, und als die offizielle Herrschaft der Mu^ctazila 861 zu Ende ging, entwickelten sich neue Bewegungen, unter denen die Lehren des Ex-Mu^ctaziliten al-Asch^cari (gest. 935) besonders wichtig geworden ist. Er versuchte, um es ganz grob zu sagen, einen Mittelweg zwischen dem schlichten Glauben und einem philosophischen Begriffsrepertoire zu schaffen, und man denkt meist an ihn im Zusammenhang der Theorie des *bilā kaifa,* des „ohne Wie".

„Was ist denn das nun schon wieder?"

Das bedeutet, daß anthropomorphische Ausdrücke, die im Koran für Gott verwendet werden, nicht ganz konkret zu verstehen sind, wie es die Altgläubigen taten, sondern im übertragenen Sinn. Wenn es heißt, „Gottes Hand ist über ihren Händen" (Sure 48,10), dann ist diese „Hand" nicht so vorzustellen wie menschliche Hände, noch ist „Sein Angesicht" einem menschlichen Gesicht zu vergleichen. Asch^cari hat große Teile der Theologie bis in unsere Zeit weitgehend beeinflußt. Sein Zeitgenosse al-Maturidi hatte ähnliche Gedanken, doch blieb sein Einfluß auf seine zentralasiatische Heimat beschränkt. Aber die Mu^ctazila hat doch weitergewirkt, und sie hat vor allem in der schiitischen Theologie Spuren hinterlassen.

„Sie erwähnten eben philosophische Gedanken!" unterbricht Christian. *„Was gab oder gibt es denn für eine Philosophie im*

Islam? Hängt die irgendwie mit den alten Griechen zu-
sammen, oder ist es etwas ganz anderes?"

Richtig geraten. Die griechische Philosophie hat die islamische
stark beeinflußt, ja, sie ist gewissermaßen ihre Wurzel. Man
erzählt, der Kalif Ma'mun, der Sohn Haruns ar-Raschids (er
regierte von 813 bis 833), habe von Aristoteles geträumt und
daher seine Übersetzerschule ins Leben gerufen. Das ist natürlich eine Legende, aber unter ihm und seinen Nachfolgern wurden zahlreiche griechische Werke ins Arabische übersetzt, und
zwar naturwissenschaftliche wie medizinische und philosophische Werke. Das antike Erbe wurde so in Bagdad erhalten
und kam dann durch die Araber in Spanien nach Europa, wo es
zur Grundlage unserer modernen Welt wurde; ohne die Araber
hätten wir kaum etwas von den Schätzen der Griechen ge-
wußt. Diese Übersetzungstätigkeit, an der sich viele Christen
und Sabier beteiligten, schenkte dem Arabischen auch ein ganz
neues Vokabular und, mehr als das, neue Ideen. Die Aufgabe
der nun heranwachsenden Philosophen war es, philosophi-
sches Denken mit den Grundlagen des islamischen Glaubens
zu vereinbaren, was nicht einfach war und zu Gedankengängen
führte, die für die Orthodoxen einfach ketzerisch waren. Der
„schäbige kleine Philosoph" ist zum Beispiel in der persischen
Dichtung eine Spottfigur, denn der wahrhaft Gläubige benötigt
keine intellektuellen Beweise, um an Gott und Seine Offenbarung zu glauben.

„Aber was kannte man denn von der griechischen Philoso-
phie? Wußte man etwas von Plato und Aristoteles?"

Gewiß kannte man sie, und eines der wichtigen Werke, die
das Denken beeinflußten, war die sogenannte „Theologie des
Aristoteles", ein neuplatonisches Werk, das Aristoteles
fälschlich zugeschrieben wurde. Der ist nämlich einer der
wichtigsten Lehrer der islamischen Philosophen, und Kommentare zu den zugänglichen Werken sind immer wieder verfaßt worden. Die berühmtesten Kommentare entstanden im
12. Jahrhundert im Westen der islamischen Welt; sie stammen

von Ibn Ruschd, den wir als Averroës kennen – sein Einfluß auf das mittelalterliche Christentum war sehr tief, und er wurde von den christlichen Theologen ebenso bekämpft wie von den altgläubigen Muslimen.

„Aber es muß doch auch Philosophen vor ihm gegeben haben!"

Natürlich, ich möchte Sie nur nicht mit allzu vielen Namen und philosophischen Konzepten verwirren. Manche der Philosophen sind im Abendland eher wegen ihrer medizinischen Werke bekannt, so Razi (Rhazes), der über Pocken und Masern schrieb und sich nicht nur mit dem Problem von Zeit und Materie befaßte. – Unter den Philosophen sollte man sich al-Farabi merken, der aus dem heutigen Usbekistan stammte und lange in Syrien, zuletzt am Hof von Aleppo, lebte. Er ist durch sein Buch über den idealen Staat bekannt, in dem er postuliert, daß der ideale Herrscher – wie schon Plato sagte – auch Philosoph sein solle, aber wenn möglich auch ein Prophet. Ihm wird eine musiktheoretische Abhandlung zugeschrieben, und er soll die Laute erfunden haben, deren Name, *al-ᶜūd*, ja noch auf ihren arabischen Ursprung hinweist. Der größte Philosoph des Mittelalters ist zweifellos Ibn Sina, bei uns Avicenna genannt, der bis 1037 im iranischen Gebiet lebte und dessen Werke auch mystische Elemente enthalten, wie die Sehnsucht nach der ur-ewigen Heimat; sein Gedicht über die Seele ist, neben seinen medizinischen Werken, besonders berühmt. Aber die Altgläubigen fanden die Philosophen höchst gefährlich, denn gegen die koranische Aussage von der Schöpfung durch Gottes Wort hielten sie an der Ewigkeit der Welt fest, und auch den Gedanken der Auferstehung des Leibes, so zentral im Islam, interpretierten sie auf verschiedene Art hinweg. Al-Ghazzali, selbst juristisch und philosophisch geschulter Denker, der sich dann der gemäßigten Mystik zuwandte, hat Avicenna und die anderen Philosophen in seinem Werk *Tahāfut al-falāsifa*, „Widersprüchlichkeit der Philosophen", scharf angegriffen und zu zeigen versucht, daß ihre Theorien intellektuell nicht stimmen. Sein Werk diente übrigens auch den mittelalterlichen christlichen Theologen bei ihrem Kampf gegen die Averroisten.

„Mir kommen die Gedanken dieser Philosophen eigentlich ganz vernünftig vor", *meint Christian nachdenklich.* *„Aber natürlich erschüttern sie den fraglosen tiefen Glauben an den Koran …"*

Es gibt eine bestimmte Gruppe unter den Philosophen, die freilich noch immer etwas geheimnisumwittert ist. Das sind die *Ichwān aṣ-ṣafā,* die „Lauteren Brüder" (wie man nicht ganz richtig übersetzt) von Basra. Das war eine Gruppe von Denkern, von schiitischen esoterischen Strömungen beeinflußt, die um 900 im Irak eine gewaltige Enzyklopädie verfaßten, ein Werk, das alle Aspekte der mittelalterlichen esoterischen Philosophie behandelt, von Musiktheorie zu kosmologischen Problemen. Seit mehr als einem Jahrhundert befassen sich europäische Gelehrte mit seiner Analyse. Besonders schön ist die Geschichte vom Streit der Menschen und Tiere vor dem König der Dschinnen, in dem eine erstaunliche Darstellung der menschlichen und tierischen Qualitäten, ihrer Vorzüge und Nachteile, zu finden ist. Es ist ebenso lehrreich wie spannend, und zum Glück gibt es eine feine deutsche Übersetzung davon.

Aber es gibt noch andere wichtige Werke in der mittelalterlichen Tradition! Ein Buch, dessen Echo wir aus Europa kennen, stammt von Ibn Tufail, einem nordafrikanischen Autor, der kurz vor Averroës lebte und, wie dieser, Leibarzt des almohadischen Herrschers war. Er schrieb unter anderem einen Roman, „Hayy ibn Yaqzan", „Der Lebendige Sohn des Wachenden", in dem er die Geschichte eines Knaben erzählt, der, elternlos auf einer einsamen Insel aufwachsend, von einer Gazelle aufgezogen wird und in Perioden von jeweils sieben Jahren langsam zur Erkenntnis des Körpers, der Seele, der Welt gelangt. Als schließlich Weise von einer anderen Insel kommen, entdecken sie, daß ihre Lehren über die Religion, über Ethik und alle philosophischen Fragen ganz mit dem übereinstimmen, was der einsame *philosophus autodidactus* gefunden hat.

„Das erinnert mich etwas an Robinson Crusoe, aber auch an Kinderbücher wie ‚Die Höhlenkinder' und solche Sachen ..."

Ganz richtig. Das Werk Ibn Tufails wurde im 17. Jahrhundert in Europa bekannt, und auf diese Art beeinflußte die philosophische Erzählung eines muslimischen Autors aus Nordafrika auch unsere Literatur. Aber es dürfte klar sein, daß solche Philosophie, in der die Rolle von gottgesandten Propheten nicht so wichtig ist, von der Orthodoxie abgelehnt wurde.

„Und wie ging es dann weiter?"

Nach Averroës wurde die klassische Philosophie nicht viel weiterentwickelt. Man hält ja ohnehin – nicht ganz zu Recht – das Jahr 1258, als Bagdad von den Mongolen zerstört und der letzte Abbasidenkalif hingerichtet wurde, für das Ende der klassischen, produktiven Zeit des Islam. Doch auch später finden sich wichtige Namen. Für uns ist am interessantesten vielleicht Ibn Chaldun, ein Nordafrikaner, der 1406 in Kairo starb. Seine *Muqaddima*, die Prologomena zu einem umfangreichen historischen Werk, sind von manchen als erste soziologische Studie in der Welt angesehen worden. Es war in den dreißiger und vierziger Jahren in Nordamerika sehr bekannt – zum mindesten dem Namen nach –, und ich erinnere mich, daß 1945 amerikanische Soldaten, die hörten, daß ich Orientalistin war, strahlend fragten: „Oh, you know Ibn Khaldun!?" Ibn Chaldun entwickelte einen neuen Begriff, die ^caṣabiyya, das Zusammengehörigkeitsgefühl, oder *esprit de corps* (es gibt viele Übersetzungen), das – durch religiösen Enthusiasmus verstärkt – die Völker zu Eroberungen und Staatsgründungen anfeuert. Der so entstandene Staat aber geht nach einer Periode der Blüte, der kulturellen Sättigung langsam in die Stagnation, und neue Gruppen beginnen ihn aufzulösen und dank ihrer ^caṣabiyya ein neues Reich zu gründen, immer nach demselben Muster.

„Im Grunde geht es ja tatsächlich mit vielen Reichen so zu", meint Christian nachdenklich. *„Ich müßte das mal in Ruhe*

auf einige orientalische Staaten anzuwenden versuchen ...
Aber wie ging es mit der Philosophie weiter?"

Sie wurde in erster Linie von den Schiiten weitergepflegt. Schon im Mittelalter hatten nicht nur die Lauteren Brüder, sondern auch andere Ismaili-Gruppen, hochinteressante, stark neuplatonisch beeinflußte Werke verfaßt, und das gilt auch für die nachmittelalterliche Zeit in Iran, wo der Denker Molla Sadra von Schiras (gest. 1640) spätere Generationen tief beeinflußt hat. Hier sind noch viele Schätze zu heben. Aber ich selbst habe mich nie mit der reinen Philosophie, auch nicht mit den gewaltigen Gedankengebäuden mystischer Philosophie beschäftigt. Nur *ein* moderner Denker hat mich interessiert, der zugleich Dichter und Philosoph ist. Das ist Muhammad Iqbal (gest. 1938), der „geistige Vater Pakistans", dessen Werk eine interessante Synthese aus islamischem Gedankengut und europäischer, insbesondere deutscher, Denkart aufweist. Seine Lieblingsdenker sind Goethe und Bergson; er hat ein distanziertes Verhältnis zu Nietzsche, dessen Ansatz ihn jahrelang fasziniert hat, und unter den muslimischen Denkern ist es der große Mystiker Dschalaladdin Rumi, den er erstmals im Licht der vitalistischen Philosophie interpretiert. Muslimische Kritiker, vor allem in Saudi-Arabien, haben sein Prosawerk *„The Reconstruction of Religious Thought in Islam"* scharf kritisiert, ja gebannt, war er doch nicht durch die übliche Theologenausbildung gegangen, sondern urteilte ganz selbständig. Auch europäische nüchterne Orientalisten waren zum Teil nicht glücklich mit seiner Verbindung östlicher und westlicher Tradition. Ich finde, man muß seine philosophische englische Prosa zusammen mit seinen persischen und Urdu-Gedichten lesen; denn alles zusammen bildet den Hintergrund für seine politischen Ideen, mit denen er den Muslimen Indiens Selbständigkeit und Freiheit verkünden wollte – nicht blinde Nachahmung traditioneller Denkstrukturen!

„Gibt es denn jetzt neue Philosophien in der islamischen Welt? Iqbal ist ja, wenn ich mich recht erinnere, schon fast sechzig Jahre tot."

Es gibt überall Ansätze für eine philosophische Neuinterpretierung des Islam, und dies vor allem unter den Muslimen, die länger im Westen gelebt haben oder ständig dort leben. In Iran, in Ägypten gibt es ebenso Neuansätze wie in den USA oder Frankreich, aber immer wieder hört man die Gegenstimmen der Altgläubigen, der sogenannten Fundamentalisten, deren Gesichtswinkel sich, wie es scheint, immer stärker verengt. Dabei täte eine neue politische Philosophie den Muslimen gut!

12. Mystik

Maria stürzt in mein Zimmer. „Gerade habe ich gelesen, die Tanzenden Derwische treten nächste Woche in der Stadthalle auf. Das muß doch was ganz Tolles sein. Gehen Sie mit mir hin?"

Vielleicht, sage ich, denn ich habe die alten Derwische 1954 noch gesehen, als sie in Konya auftraten, wo wir den Todestag des großen mystischen Dichters Dschalaladdin Rumi feierten, und nachdem Atatürk 1925 im Zuge der Modernisierung der Türkei alle Derwischorden und Bruderschaften verboten hatte, war es zum ersten Mal, daß die alten Derwische wieder gemeinsam öffentlich auftraten. So bin ich ein bißchen verwöhnt.

„Aber weshalb hat Atatürk das denn verboten? Und ehrlich, ich weiß gar nicht richtig, was ein Derwisch ist, aber es klingt so schön mystisch!"

Da muß ich dir wohl etwas über die islamische Mystik erzählen! Das persische Wort *derwīsch* bedeutet, genau wie *faqīr*, „Armer, Bettler", und diese Begriffe beziehen sich darauf, daß der gottsuchende Mystiker nicht nur äußerlich arm sein soll, weil dem Propheten Muhammad ein Wort zugeschrieben wird: „Meine Armut ist mein Stolz", sondern weil er auch wissen soll, daß er, der Mensch, unendlich arm vor dem unendlich reichen Gott steht.

„Aber gibt es wirklich eine richtige Mystik im Islam, so wie bei uns? Solche Mystiker wie Teresa von Avila zum Beispiel?"

Genau so! Und wenn du Teresa nennst, so kann ich dir sagen, daß die islamische Mystik ihren größten Impuls von einer Frau erfuhr: von Rabiᶜa von Basra, die 801 im Irak starb und den Gedanken der reinen Gottesliebe in die düstere Askese der Frühzeit einführte, als sich eine Anzahl von besonders gottesfürchtigen Männern und auch Frauen der Askese widmeten: strenges Fasten, wenig Schlaf, nächtliche Gebete und immer wieder Meditationen über den Koran. Man nannte sie *Sufis*, weil viele von ihnen ein Gewand aus dunkler Wolle, *ṣūf*, trugen. Und nachdem Rabiᶜa den Gedanken der reinen Gottesliebe in ihrem Leben immer wieder betont hatte, wurde dieser Gedanke zentral in der islamischen Mystik, die sich in den ersten Jahrhunderten des Islam entwickelte. Man muß wissen: Die Sufis haben zum Teil ihre Gedanken in wunderbaren Versen ausgedrückt. Man kann kaum je persische oder türkische Gedichte lesen, ohne den Einfluß ihrer Ausdrücke und Vorstellungen zu finden. Um das Jahr 1100 versuchte al-Ghazzali, die sich immer mehr verknöchernde Theologie und Jurisprudenz dadurch mit neuem Leben zu erfüllen, daß er die spirituelle Interpretation der menschlichen Pflichten betonte. Sein Hauptwerk *Iḥyā ᶜulūm ad-dīn*, „Die Wiederbelebung der Wissenschaften von der Religion", d. h. der Theologie, ist ein Grundwerk gemäßigter islamischer Lebensanschauung, wo man nicht nur Regeln für das Verhalten bei jeder Handlung, wie Ehe, Essen, Kauf und Verkauf usw. findet, sondern auch Abhandlungen über die Gottesliebe, Sehnsucht, Hoffnung, Furcht und all die anderen Stufen des Weges zu Gott. All dies hat er geschrieben, um den Menschen auf ein seliges Ende vorzubereiten.

„Und seit 900 Jahren wird das immer noch gelesen?" fragt Maria.

Unsere Kirchenväter werden ja auch immer noch studiert, und manche Bewunderer haben al-Ghazzali als „Thomas von Aquin des Islam" gepriesen. Aber es gibt auch moderne Kritiker, die ihm vorwerfen, daß seine perfekte Systematisierung zur Erstarrung des Islam beigetragen habe. Das ist ein bedenkenswerter Punkt.

„Aber was wollten denn diese Sufis eigentlich?"

Die frühen Sufis in Bagdad, Ägypten und Iran, vor allem in Ost-Iran, dem heutigen Afghanistan, hatten den Weg in vielen aufsteigenden Stufen gesehen, wie Reue, Armut, Wachsamkeit, Furcht und Hoffnung, und schließlich Liebe, und die späteren Dichter haben diese Stufen manchmal poetisch dargestellt; man denke daran, wie der große mystische persische Dichter ᶜAttar in seinen „Vogelgesprächen" die Seelenvögel durch sieben Täler zu ihrem Ziel führt, genau so wie, 200 Jahre später, Ruysbroek, der flämische Mystiker, von den sieben Stufen des Weges zu Gott spricht. Sie lehrten ihre Schüler bestimmte Meditationsformen, Atembeherrschung bei der vieltausendfachen Wiederholung der Gottesnamen oder religiöser Formeln (hier kann man an das Jesusgebet der ostkirchlichen Mönche denken, oder an das *namu amida butsu* der japanischen Buddhisten).

Dieser *dhikr*, das Gedenken an Gott, ist eine praktische Anwendung des koranischen Wortes: „Wahrlich, durch das Gedenken an Gott werden die Herzen stille" (Sure 13,28). Der *dhikr* wurde ausgelegt als Polieren des Herzens. Man stellte sich das Herz wie einen Spiegel vor, und man weiß ja, daß die Spiegel früher aus Stahl waren: Je mehr man das Herz mit der ständigen Wiederholung von religiösen Formeln beschäftigte, desto reiner wurde es und konnte dann am Ende wie ein Spiegel die göttliche Schönheit in sich aufnehmen.

„Das ist ein schöner Gedanke", sagt Maria. „Dann findet man also am Schluß Gott im eigenen Herzen?"

Genau so haben die Sufis das gesagt. Er, der alles umfaßt und unvorstellbar ist, ist, wie der Koran sagt, dem Menschen „näher als die Halsschlagader" (Sure 50,16), und der Sufi hoffte, Gottes Aufleuchten im Herzen zu finden.

Ein Weg, der zur Erziehung des Menschen oft benutzt wurde, war die vierzigtägige Klausur, in der man sich nur mit Koranlektüre und Meditation beschäftigte, und der Meister kontrollierte die Visionen oder Gedanken, die man in dieser Zeit absoluter Einsamkeit und strengen Fastens erfuhr ...

„Gibt es das noch?" will Maria wissen.

Ja, durchaus, wenn man auch nicht viel davon erfährt. Alle die geistigen Erfahrungen, die der Sucher macht, sollten ja geheimgehalten werden, damit sie nicht verwässert oder von unverständigen Hörern mißverstanden werden.
Sagt nicht Goethe:

> SAGT ES NIEMAND, NUR DEM WEISEN,
> WEIL DIE MENGE GLEICH VERHÖHNET;
> DAS LEBEND'GE WILL ICH PREISEN,
> DAS NACH FLAMMENTOD SICH SEHNET ...

„Ja, das habe ich schon mal gehört. Aber was hat das mit Sufismus zu tun?"

Sehr viel. Denn das Gleichnis vom Falter, der sich in die Kerze stürzt, um dort das „Stirb und werde" zu erfahren, wie Goethe es in diesem Gedicht verwendet, stammt von dem wichtigsten Meister des frühen Sufismus, al-Halladsch; von ihm ist es in die arabische und persische Dichtung übernommen worden und hat Goethe durch eine deutsche Übersetzung eines persischen Gedichtes erreicht.

„Und wer war dieser Halladsch, von dem das Bild stammt?"

Er gehörte zu den Sufis von Bagdad, war ein strenger Asket und soll eines Tages, als er an die Tür seines Meisters klopfte, auf die Frage, wer da sei, geantwortet haben: *anā 'l-ḥaqq,* „Ich bin die Absolute Wahrheit", d. h. „Gott". Man sagt, dieses kühne Wort sei der Grund für seine Hinrichtung gewesen, aber es waren eher politische Gründe, die zu seinem Tod führten. Er hatte sich immer nach dem Tod gesehnt, durch den die quälende Trennung zwischen Gott und Mensch aufgehoben werden würde, und ging tanzend in seinen Ketten der Hinrichtung entgegen. Das war 922. Es gibt eine Geschichte über seine letzten Stunden:

ER WURDE GEFRAGT: „WAS IST LIEBE?" UND ER SAGTE: „DU WIRST ES HEUTE UND MORGEN UND ÜBERMORGEN SEHEN." AN DIESEM

TAGE SCHLUGEN SIE IHM HÄNDE UND FÜSSE AB, AM NÄCHSTEN
KREUZIGTEN SIE IHN, UND AM DRITTEN VERBRANNTEN SIE SEINEN
LEICHNAM UND STREUTEN DIE ASCHE IN DEN TIGRIS ...

Durch seinen Tod ist Halladsch zum Helden der Gottes-
liebenden geworden; bis heute findet man seinen Namen (oft
wird er mit seines Vaters Namen, Mansur, genannt) in der Literatur, und wie er für die Sufidichter aller Jahrhunderte ein Symbol des Liebenden geworden ist, der verbotenerweise das Geheimnis der Einigung zwischen Gott und Mensch verkündet
hat, so findet man seine Gestalt in der modernen Dichtung als
Symbol des Kämpfers, der sich gegen das erstarrte Establish-
ment auflehnt, für geistige Freiheit kämpft und leidet. Das
kommt in fast allen islamischen Literaturen vor, Arabisch,
Persisch, Türkisch, Urdu, Sindhi, was immer man liest.

Für den Sufi hieß es: „Sterbt, bevor ihr sterbt!" – jeden Tag
muß man seinen schlechten Eigenschaften etwas mehr „ab-
sterben", sich in täglichem Kampf mit den „Trieben" etwas
mehr läutern.

Es gab in Bagdad und überall damals zahlreiche Sufis, die
auch theoretische Darlegungen entwickelten; der eine stellte
fest, daß „nur Gott das Recht hat, Ich zu sagen", d. h. daß Er
der einzige ist, dem wahre Existenz zukommt; andere entwickelten eine Theorie der Heiligkeit, und man findet da, daß
es nach islamischer Ansicht mehrere Gruppen von Heiligen
gibt, die sich um den *quṭb*, das ist der „Pol" oder die „Achse",
reihen. Übrigens, wenn wir diese Menschen als Heilige bezeichnen, so nicht im Sinn von offiziell kanonisierten Heiligen; der Ausdruck *walī*, im Plural *auliyā*, bedeutet jemand,
der unter besonderem Schutz steht. Wir sagen also besser
„Gottesfreunde", um keine falschen Ideen zu verbreiten. Es
sind die, von denen der Koran sagt: „Wahrlich, die Freunde
Gottes, keine Furcht liegt auf ihnen, noch sind sie betrübt"
(Sure 10,62). Solche Gottesfreunde, denen alles gehorsam ist,
weil sie Gott gehorsam sind, können Wunder vollbringen, und
es gibt eine ganze Literatur über ihre Lebensgeschichten, ihre
Werke und Aussprüche.

„Gibt es solche Gottesfreunde heute auch noch?" will Maria wissen.

Ich würde sagen, Ja. Und die Jünger vieler Sufimeister sehen in ihrem Meister den Vollkommenen Menschen, der über allem steht. Dieser Ausdruck „Vollkommener Mensch" wird besonders nach Ibn ᶜArabi ganz allgemein, dessen System vom 13. Jahrhundert an den Sufismus durchdrang.

„Wer ist denn das nun schon wieder? Ich werfe schon all die Namen durcheinander!"

Ibn ᶜArabi war 1165 in Spanien geboren, vollzog die Pilgerfahrt nach Mekka und starb nach langen Wanderungen 1240 in Damaskus. Er hat enorm viel geschrieben und ist ein typischer Vertreter der „theosophischen" Mystik, höchst intellektuell, und in seinen gewaltigen *„Mekkanischen Eröffnungen"* hat er ein hochinteressantes Weltbild gezeichnet: Gott war, wie eine beliebte Tradition sagt, ein verborgener Schatz und wollte erkannt werden und schuf deshalb die Welt. Das Universum ist der Spiegel für Seine Namen; Sein Wesen aber bleibt ewig unerkennbar. Ibn ᶜArabis Ausdrucksweise ist schwierig, und sein kompliziertes System führte dazu, daß er oft als Pantheist interpretiert und daher von den Orthodoxen abgelehnt, ja verdammt wurde. Auch viele frühere Orientalisten haben seinem System Mitschuld an dem Niedergang des Islam gegeben. Erst in jüngster Zeit wird sein System besser erkannt und interpretiert, wobei erstaunlich moderne Ideen erscheinen. Aber ich bin kein Spezialist für Ibn ᶜArabi; ich bewundere seine Gedankengebäude von fern und weiß, daß späterer Sufismus kaum ohne seinen Einfluß zu denken ist, aber ich ziehe mehr die poetischen Werke der Sufis vor.

„Woran denken Sie? Haben die Araber auch Sufi-Gedichte geschrieben?"

Gewiß, allerdings meist nur kurze, wenn man von Ibn ᶜArabis Zeitgenossen, dem Ägypter Ibn al-Farid, absieht. Aber die Blüte der mystischen Dichtung findet man in Iran, sei es in der

Lyrik, die von Gedanken mystischer Liebe so durchdrungen ist, daß man oft nicht weiß, ob das geliebte Wesen ein Mensch oder Gott ist, sei es in den großen Epen, die zwischen 1100 und 1300 in Ost-Iran und dann in der Türkei entstanden, wohin der größte der Persisch schreibenden mystischen Dichter, Dschalaladdin Rumi, vor dem Mongolensturm ausgewandert war. Seine lyrische Dichtung ist das Ekstatischste, was auf Persisch geschrieben ist, und sein *Mathnawi*, mit seinen fast 26000 Versen, ist ein Schatzhaus, nicht nur mystischer Ideen, sondern auch von profanen Traditionen, von Anekdoten und Weisheitsworten. Man hat es den „Koran in persischer Zunge" genannt, und es hat unzählige Menschen inspiriert, ist Dutzende von Malen kommentiert worden.

„Gibt es davon eine Übersetzung? Das möchte ich mal lesen!"

Es gibt eine sehr wissenschaftliche englische Übersetzung von R. A. Nicholson, dem größten Kenner Rumis in Europa, aber man muß sich eigentlich vom Klang und von den Assoziationen der Verse mittragen lassen, sonst fällt es einem schwer, den roten Faden zu sehen und zu begreifen, warum dieses Werk einen so starken Einfluß auf die späteren Generationen gehabt hat.

Mystische Poesie gibt es in allen islamischen Sprachen, liebliche Volkslieder und komplizierte Kunstdichtung; wie ich sagte, ist es fast unmöglich, sich die Literatur ohne mystische Einsprengsel vorzustellen. Sogar Khomeini hat mystische Poesie im traditionellen Stil verfaßt.

„Oh, das ahnte ich nicht!" ruft Maria überrascht. Aber dann sagt sie: „Wir waren doch bei der Organisation der Sufis stehengeblieben. Können Sie dazu noch etwas sagen, bitte?"

Also zurück zu den frühen Sufis! In der Frühzeit schlossen sich verständlicherweise nur wenige an die großen Meister an, denn der Weg war sehr hart und entbehrungsreich, und nur wer absolutes Vertrauen in den Meister, den *scheich*, oder *pīr*, hatte, war imstande, die fordernde spirituelle Erziehung zu ertragen. Zur Erholung lauschten die Sufis manchmal Liedern oder Musik, und dann konnte es passieren, daß sie, von Melodie und Rhythmus entzückt, anfingen, sich im Kreis zu drehen und sich auch wohl die Kleider zu zerreißen. Das war der *samāᶜ*, das „Hören", der von den strengen Meistern oft abgelehnt wurde. Langsam erweiterten sich die Kreise der Sufis, denn je stärker ein Verlangen nach mehr als nur strengem Ritual oder haarspalterischer Jurisprudenz in den Gläubigen wuchs, desto häufiger schlossen sie sich einem Meister an, der sich auch um ihr Herz, ihre Seele kümmerte. So entstanden die ersten Bruderschaften im 12. Jahrhundert, zu einer Zeit, als Abu Nadschib as-Suhrawardi und sein Neffe Abu Hafs ᶜOmar as-Suhrawardi wichtige Lehrbücher für ihre Jünger, *murīd* („der etwas will"), schrieben. Auch ᶜAbdul Qadir Gilani (gest. 1166) gehört zu den ersten, um die sich ein immer erweiternder Kreis von Anhängern scharte. Nun waren es nicht nur ein paar erlesene Mystiker, die alle Härte des Pfades auf sich nahmen, sondern auch etwas, das man im Christentum „dritter Orden", Tertiaren, nennen würde. Diese Menschen, Männer und Frauen, wurden eingeweiht; der Meister gab und gibt ihnen gewisse Übungen, Rezitationen, Koranlektüre, und wenn sie Probleme haben, hoffen sie auf seine Hilfe. Besonders gefeiert wird an den Stätten, wo die Derwische leben, der Todestag des Gründers, das wird ᶜurs, „Hochzeit", genannt, weil sich die Seele des Meisters im Tod mit Gott vermählt hat. Da drängen sich die Menschen von nah und fern, man singt Hymnen, betet zusammen, und es geht zu wie bei allen Heiligenfesten in aller Welt.

„Und wie war, oder ist, ein Derwischkloster organisiert? Sind die Mönche zum Zölibat verpflichtet, wie bei uns?"

Im Gegenteil; deshalb vermeide ich auch das Wort „Kloster". Weder der *pīr* noch die *murīds* führen ein zölibatäres Leben. Daß der große ᶜAbdul Qadir Gilani 49 Kinder hatte, zeigt das wohl deutlich genug! Es gibt sogar zahlreiche Legenden, in denen berichtet wird, daß einem Sufi, der Junggeselle blieb, der Prophet Muhammad im Traum erschien und ihn ermahnte, seiner *sunna*, „Sitte", nämlich der Ehe, treu zu bleiben, ein Traum, der befolgt wurde, selbst wenn der Fromme sich lieber von Familienpflichten ferngehalten hätte.

Die frühesten Bruderschaften, deren Gründer ich eben schon nannte, sind die *Suhrawardiyya* und die *Qadiriyya*. Sie sind in allen islamischen Ländern verbreitet. Besonders die *Qadiriyya* hat Anhänger von Nordafrika bis Indien und dem malaiischen Archipel. Beide Orden werden als „nüchtern" bezeichnet, d. h. sie halten nichts von Musik und dem Ausdruck großer emotionaler Gefühle, sondern konzentrieren sich vor allem auf das Studium des Korans und der Prophetentraditionen. Beide Orden breiteten sich um 1200 in Indien aus und haben dort noch immer eine große Anhängerschaft. Aber gleichzeitig mit ihnen kam auch Mu^{c}inuddin Tschischti, der sich in Radschastan niederließ und dessen Orden besonders Poesie und Musik liebt. Wenn man heute an irgendein Tschischti-Heiligtum im indischen Subkontinent kommt (denn der Orden überschritt nie die Grenzen des Subkontinents), so hört man häufig *qawwālī*, schöne religiöse Gesänge, die den ganzen Tag den Hof oder das Grabgebäude erfüllen. Es sind meist ein Vorsänger und ein kleiner Chor, von ein paar Saiteninstrumenten und Trommeln begleitet. Das ist eine typisch indo-muslimische Einrichtung, und wenn einmal eine solche Gruppe nach Deutschland kommt, sollte man sie sich unbedingt anhören.

„Aber natürlich! Gibt es davon auch Kassetten?"

Reichlich! In den großen Heiligtümern in Indien und Pakistan findet man Berge von solcher Musik auf Kassette!

Nun aber zur allgemeinen Geschichte der Sufi-Orden. Das Interessante ist, daß man hier etwas für jeden Geschmack findet. Wenn du schöne Musik liebst, gehst du zu den eben genannten Tschischtis, wenn du für schweigende Meditation bist, aber deine Ideale umsetzen und die islamische Weltordnung wieder verbessern willst, so wende dich zur *Naqschbandiyya*, einem nüchternen Orden, der in Zentralasien im 14. Jahrhundert entstand. Du kannst in Buchara noch das

Mausoleum von Baha' uddin Naqschband sehen, und es waren Naqschbandis in Indien, die sich im frühen 17. Jahrhundert gegen den Synkretismus des Kaisers Akbar wandten, der eine Brücke zwischen Islam und Hinduismus schaffen wollte. Der Orden ist dann sehr aktiv im osmanischen Reich geworden, aber in der gesamten islamischen Welt zu finden; man trifft heute auch eine ganze Anzahl deutscher und englischer Naqschbandis. Allerdings weiß ich nicht, wie viele davon die intensiven und komplizierten Meditationsübungen der klassischen Tradition praktizieren. Aber eines ihrer zentralen Themen ist die „Einsamkeit in der Menge", d. h. daß das Herz immer bei Gott ist, Seiner gedenkt, wo immer man sei und was immer man tue.

Wenn du persische Poesie und Musik suchst, dann geh zu den Mevlevis, deren Orden von dem Sohn Maulana Dschalaladdin Rumis organisiert wurden. Da Rumi selbst den größten Teil seiner Lyrik zum Klang der Musik und im Wirbeltanz verfaßt hat und Musik und Tanz zu seinen Lieblingsmotiven in der Lyrik gehören, erschien ihm das ganze Leben als ein kosmischer Tanz, der mit der Schöpfung beginnt und alles, vom Atom bis zum kreisenden Himmelsrad, umfaßt. Aber die richtige Organisation des Reigens hat er nie im Sinn gehabt. Wer Mevlevi-Derwisch werden wollte, mußte sich 1001 Tage dem Küchendienst widmen, wo er vom niedersten Rang aufstieg, seelisch „gekocht" wurde, wie man das nannte, und gleichzeitig studierte er Rumis *Mathnawi*, das große persische Lehrwerk, lernte Musik und übte jeden Tag ein wenig mehr von dem Tanz, bei dem man sich mit einem ganz bestimmten Schritt auf dem linken Fuß dreht. Das trainiert man, indem ein großer Nagel zwischen große und zweite Zehe des linken Fußes gesteckt wird, um Halt zu geben, und am Ende ist der Derwisch imstande, sich rund eine Dreiviertelstunde um die eigene Achse und gleichzeitig im allgemeinen Reigen zu drehen. Wenn du das demnächst sehen kannst, wirst du fasziniert sein, denn die Derwische sehen in ihren weißen Gewändern, die sie unter dem zu Beginn des Tanzes abgeworfenen schwarzen Mantel tragen, aus wie große Schmetterlinge, die

rechte Hand zum Himmel erhoben, um die göttliche Gnade zu empfangen, die mit der nach unten gekehrten linken zur Erde geleitet wird.

„Wunderbar!" ruft Maria. „Das muß ich sehen! Aber gibt es noch mehr Orden!"

Sehr sehr viele. Früher wurde der Nachfolger eines verstorbenen Meisters aus den erfahrensten Jüngern gekürt, aber in vielen Orden wurde das Amt erblich, und es traten immer neue Spaltungen ein. Wenn du einmal eine *schadschara* siehst, den geistigen „Stammbaum" eines Sufimeisters, so zeigt der alle Verzweigungen auf, und ich kenne Stammbäume, die in winziger Schrift Rollen von über zehn Metern füllen. Der Murid sollte zumindest seinen Stammbaum, seine *silsila*, „Kette", kennen, denn die *silsila* führt ihn über die großen Meister der Frühzeit bis hin zum Propheten, und wenn er seinen Treueschwur ablegt, fließt von der Hand des Scheichs die Kraft der Sukzession auf ihn über. Nur dann ist er ein echter Sufi.

„Können auch Frauen eingeweiht werden!"

Natürlich. Nur ist die Einweihung etwas komplizierter, da viele Meister einer fremden Frau nicht die Hand geben. Dann findet man einen Ausweg. Sie ergreift seinen Ärmel, oder einen Stab u. ä. Eine Frau kann auch *scheicha* werden, allerdings nur für Frauen, und gemischte Rituale gibt es in den klassischen Orden nicht. Heute, im Westen und, wie ich hörte, sogar in der Türkei, tanzen auch Frauen beim Mevlevi-samā[c] mit, was den klassischen Regeln widerspricht. In ihren eigenen Gruppen, ohne männliche Teilnahme, können sie es natürlich tun.

„Was gibt es denn sonst noch für Orden!"

Es gibt Orden wie die Mouriden Ahmadu Bambous in Nigeria, die sich der Verbesserung der Lebensgrundlagen widmen, und andere, wie den Bettlerorden der Heddawa in Marokko, wo seltsame kultische Bräuche, wie die Verehrung von Katzen, vorkommen; es gibt Orden, die sich auf Wunderheilungen spezialisieren, und andere, die den Menschen das stille Gedenken lehren. Hier nenne ich vor allem die *Schadhiliyya*, die, in Ägypten entstanden, im Westen der islamischen Welt besonders aktiv ist, und einer ihrer späteren Zweige hat durch das Beispiel ihres Führers Ahmad al-Alawi eine ganze Reihe hochgebildeter Europäer und Amerikaner angezogen. Es gibt auch wandernde Derwische, die durch ihre wilde bunte Kleidung auffallen, wie man sie an einer pakistanischen Landstraße manchmal mit ihren Eisenringen in den Ohren und einem Horn an der Hüfte sieht. Das waren die Derwische, denen die europäischen Besucher des Orients im 18. und 19. Jahrhundert zuerst begegneten und die ihre Vorstellung von Sufismus und Derwischtum prägten, ohne daß sie die verinnerlichten Sufiorden kannten.

Bekannt sind dir sicher Geschichten von der *Rifāʿiyya*, deren Derwische sich in Trance die Augen herausnehmen, sich mit langen Lanzen durchbohren, Glas oder lebendige Schlangen essen ... Solche Auswüchse gibt es überall, auch in Indien. Dort findet man auch Annäherungen an Yoga-Praktiken, obgleich die Muslime die Abtötung und Umgestaltung des Körpers, wie sie im klassischen Yoga bewirkt werden soll, ablehnten.

Ein Sonderfall sind die *Bektaschi* in der Türkei, die mit den Frauen gemeinsam ihre Rituale durchführten. Viele schiitische Einflüsse sind bei ihnen erhalten, vor allem in ihrer sehr schönen zarten Lyrik, die in Anatolien entstand; aber es ist merkwürdig, daß die Bektaschis bei den Elite-Truppen der Osmanen, den Janitscharen, gewissermaßen die Militärgeistlichen waren. Sie haben eine Neigung zu seltsamen Schriftbildern, und daß die Frauen eingeweiht werden und an ihren Ritualmahlzeiten, bei denen es auch Alkohol gibt, teilnehmen, hat natürlich viel Anstoß erregt, und sie sind immer wieder wegen Unmoral angeklagt worden. Als die Janitscharen 1829 wegen ihrer überhandnehmenden politischen Intrigen gestürzt wurden, verloren auch die Bektaschis an Macht, aber sie leben noch in der Türkei weiter, und Bektaschi-

Anekdoten sind ein beliebtes Thema bei fröhlichen Zusammenkünften. Vielleicht war es der 1922 erschienene Roman des türkischen Autors Yakup Kadri, *Nur Baba* (man kann ihn auf deutsch als *Flamme und Falter* lesen), der die merkwürdigen Verhältnisse in einem Istanbuler Konvent brandmarkte, der Atatürk dazu bewegte, alle Derwischorden 1925 aufzulösen, die Klöster zu schließen – obgleich er den Bektaschis ganz freundlich gegenübergestanden hatte. Er dachte jedoch, die Orden könnten in der neuen Zeit nur die Entwicklung zu einem modernen laizistischen Staat hindern, und eine ganze Reihe europäischer Gelehrter war der gleichen Meinung. Aber, wie eine führende türkische Mystikerin bemerkte, die Schließung der Orden diente eher dazu, die überlebten starren Formen abzuschütteln, während der Geist des Sufismus, so nötig in einer Zeit fundamentalistischer Verhärtung, weiter lebt. Ich glaube, sie hatte recht.

„Können Sie mir nicht noch ein paar von den Gedichten vorlesen, von denen Sie gesprochen haben?"

Gern, denn die Sufis haben ja bei der Entwicklung der Volkssprachen zu Literatursprachen eine wichtige Rolle gespielt. Was möchtest du denn hören?

„Ach, das ist gleich!"

Also hier ein kleiner arabischer Vers von Halladsch, den ich immer wegen seiner Bilder besonders geliebt habe:

DU RINNEST ZWISCHEN HERZHAUT UND DEM HERZEN,
SO WIE DIE TRÄNEN VON DEN LIDERN RINNEN,
UND WOHNEST IM BEWUSSTSEIN TIEF IM HERZEN,
SO WIE DIE GEISTER IN DEN KÖRPERN DRINNEN.
NICHTS REGUNGSLOSES KANN SICH JEMALS REGEN,
WENN DU ES NICHT BEWEGST, VERBORGEN INNEN.

Und zum Schluß noch eine der schönsten Geschichten aus Rumis *Mathnawi*, in dem das Geheimnis des Gnadengebetes (man kennt die Vorstellung von der *oratio infusa* ja aus dem

Christentum) angedeutet wird, damit du gut vorbereitet bist,
wenn du die Tanzenden Derwische siehst:

> „O GOTT!" RIEF EINER VIELE NÄCHTE LANG,
> UND SÜSS WARD IHM DER MUND VON DIESEM KLANG.
> „VIEL RUFST DU WOHL", SPRACH SATAN VOLLER SPOTT.
> WO BLEIBT DIE ANTWORT ‚HIER BIN ICH!' VON GOTT?
> NEIN, KEINE ANTWORT KOMMT VOM THRON HERAB!
> WIE LANGE SCHREIST DU NOCH: ‚O GOTT!'? LASS AB!"
> ALS ER BETRÜBT, GESENKTEN HAUPTES, SCHWIEG,
> SAH ER IM TRAUM, WIE CHIDR NIEDERSTIEG,
> UND SPRACH: „WARUM NENNST DU IHN DENN NICHT MEHR?
> WAS DU ERSEHNT – BEREUST DU ES SO SEHR?"
> ER SPRACH: „NIE KOMMT DIE ANTWORT: ‚ICH BIN HIER!'
> SO FÜRCHTE ICH, ER WEIST DIE TÜRE MIR!"
> „DEIN RUF ‚O GOTT'! IST MEIN RUF ‚ICH BIN HIER!'
> DEIN SCHMERZ UND FLEHN IST BOTSCHAFT DOCH VON MIR,
> UND ALL DEIN STREBEN, UM MICH ZU ERREICHEN –
> DASS ICH ZU MIR DICH ZIEHE, IST'S EIN ZEICHEN!
> DEIN LIEBESSCHMERZ IST MEINE HULD FÜR DICH –
> IM RUF ‚O GOTT!' SIND HUNDERT ‚HIER BIN ICH!'"

13. Tägliches Leben

Maria hat sich mit einigen Klassenkameradinnen überlegt, wie es wohl in einer türkischen, und allgemein muslimischen Familie zuginge. Wie benahm man sich, wenn ein Kind zur Welt kam? Was tat man bei Krankheit und Tod? „Können Sie uns da etwas sagen?" fragt sie. „Wir konnten uns nicht einigen."

Vieles von den alten Sitten, vom alten Brauchtum verschwindet langsam, doch immer noch ist *adab*, „korrektes Benehmen", zentral. Ich kann wenigstens die traditionellen Anschauungen etwas erklären. Zum Beispiel: Wenn eine Frau ein Kind erwartet, ist sie von den religiösen Pflichten wie Gebet und Fasten entbunden, und wenn das Baby geboren ist, wird ihm zunächst das Glaubensbekenntnis ins rechte, der Gebetsruf ins linke Ohr geflüstert, damit diese Grundlagen das erste sind, was es hört. Am 6. oder 7. Tag wurde in traditionellen Familien der erste Haarschnitt gehalten, wobei für einen Jungen zwei makellose Lämmer, für ein Mädchen ein makelloses Lamm geschlachtet wurden.

„Gibt es so etwas wie unsere Taufe?"

Nein, es gibt kein solches Sakrament; der Islam hat ja ohnehin nichts, was unseren Sakramenten im echten Sinn entspricht. Der Name wird dem Kind gegeben, während die Nabelschnur durchtrennt wird, dabei wird meist ein religiöser Name gewählt, wie Mehmet oder Ali oder Fatma (ich gebe hier die türkische Aussprache, weil ich mich da am besten auskenne). Am 7. Tag kommt der *ezan adı*, der von der Familie, meist der des Vaters, gewählt wird. Und dann gibt es noch einen Namen. Bei den Arabern wurde die *kunya* benutzt, das ist das Wort *abū* oder *umm*, „Vater", „Mutter" mit einem Namen;

denn da der Name die Persönlichkeit symbolisiert, vermeidet man es oft, ihn auszusprechen, und erfand Ehrennamen. Die Beziehung zum Vater wird durch *ibn*, „Sohn", oder das Suffix *zada* im Persischen, *oğlu* im Türkischen, *pota* im Urdu usw. angegeben. Dann kommt in der Genealogie oft noch der Geburtsort hinzu, also *damaschqi*, „aus Damaskus", *ankarali*, „aus Ankara", *maschhadi*, „aus Maschhad", oder *Punawala*, „aus Poona" in Indien. So hat man, wenn man in einem Buch einen vollständigen Namen sieht, gleich auch die Familiengeschichte, oft auch den Beruf des Vorvaters, die Heimat. Natürlich sind diese komplizierten, aber nützlichen Regeln jetzt verschwunden, nachdem in fast allen Ländern Familiennamen vorgeschrieben sind. Die können sich auf einen der Teile des „klassischen" Namens beziehen; oder sie sind ganz fantasievoll, wie oft in der Türkei, wo durch das Namengesetz von 1932 jeder seinen Familiennamen selbst wählte, so daß man nicht weiß, ob zwei Familien mit Namen *aksoy*, „weiße, edle Familie", verwandt sind oder nicht. Man kann auch oft am Vornamen erkennen, ob die betreffende Person Sunni oder Schia ist; kein Schiit wird seine Tochter ᶜA'ischa, nach der jüngsten Frau des Propheten, nennen, oder seinen Sohn ᶜOthman, weil die ersten drei Kalifen als Usurpatoren gelten. Manchmal wird ein Name dadurch gefunden, daß man den Koran aufschlägt und das erste Wort nimmt, wobei gelegentlich sehr merkwürdige Formen herauskommen, die jemand, der Arabisch kann, oft lächerlich erscheinen. Je weiter man vom arabischen Zentrum entfernt ist, desto länger und seltsamer werden die Namen, zum Teil auch, weil die Menschen in nicht-arabischen Ländern Schwierigkeiten haben, das Arabische korrekt auszusprechen. So findet man in Bengalen *schirazuddin* und begreift dann, daß das ein verballhorntes *sirādschuddīn*, „Lampe der Religion", sein soll.

„Was sind das für Namen, all die mit dīn*? Ich kenne von der Lektüre nur Dschalaluddin."*

ad-dīn bedeutet „die Religion"; das wird mit einem positiven Substantiv verbunden, wie „Sonne der Religion", *Schamsud-*

din, *Badruddin*, „Vollmond des Glaubens". Aber noch häufiger sind Namen mit ᶜ*abd*, „Sklave" (die weibliche Form ist *amat*, „Magd"). Denn man kann ᶜ*abd* mit jedem der 99 schönsten Namen Gottes verbinden, daher die ungezählten ᶜ*Abdur Rahman*, ᶜ*Abdul Karim* u. a. Auch der arabische *ghulām* oder das türkische *qul*, die beide „Diener" heißen, besonders, wenn man sich auf den Propheten Muhammad oder einen Heiligen bezieht, kommt vor. Und bei vielen Frommen findet man Namen, die gewissermaßen für das Geschenk eines Kindes danken, wie *Nabībakhsh*, „Geschenk des Propheten", oder *Tanriverdi*, „Gott hat gegeben".

„Ja, also so ist das mit den Namen", sagt Maria. „Und wie geht es weiter?"

Nach 40 Tagen kehrt die Mutter in den Normalzustand zurück, sie hat ein rituelles Bad, und das Leben geht normal weiter. Nach koranischer Lehre sollte sie das Kind zwei Jahre lang stillen, in jedem Fall aber bleibt es unter ihrer Aufsicht, bis es, wenn es ein Junge ist, sieben Jahre alt ist. In traditionellen Familien in Indo-Pakistan wird die *bismillah*-Zeremonie gefeiert, wenn das Kind vier Jahre, vier Monate und vier Tage alt ist. Dann lernt es als erstes die Formel „Im Namen Gottes des Allbarmherzigen des Allerbarmers" und leckt eine Tafel ab, auf der diese Worte mit einer wohlschmeckenden Flüssigkeit, Honig oder so, geschrieben sind, damit es ihre Kraft aufnimmt. Weil auch die Jungen bis zum siebten Lebensjahr im Frauengemach aufwachsen, hat die Mutter starke Einflußmöglichkeiten, und wenn man die Autobiographien großer Frommer liest, wird man immer wieder finden, daß sie ihre Mutter als Quelle des wichtigsten Einflusses auf ihr Leben erwähnen. Gehorsam gegen die Eltern wird ja auch im Koran eingeprägt. Ein oft zitiertes Wort des Propheten sagt, das Paradies läge unter den Füßen der Mütter, wie er auch einem jungen Mann auf die Frage, wer seine Dankbarkeit am meisten verdiene, antwortete: „Deine Mutter", und bei wiederholtem Fragen nochmals die gleiche Antwort gab, die er auch beim dritten Mal wiederholte. Heute gelten diese alten Regeln nur noch bedingt, doch ist Ehrfurcht vor älteren Menschen selbstverständlich.

In traditionellen Familien wurden die Kinder, vor allem die Mädchen, im Hause unterrichtet, in erster Linie in religiösen Fächern, und noch in den Frauenbildungsromanen, die gegen Ende des 19. Jahrhunderts in Indien verfaßt wurden, gründet die Heldin meist eine Mädchenschule in ihrem Haus. Öffentlicher Schulbesuch war und ist bis heute in vielen Gebieten besonders für Mädchen unbekannt und nicht gern gesehen. Das erklärt auch die Probleme, die türkische Eltern hier in Deutschland haben. Aber neuerdings setzt sich eine Menge Frauen für eine bessere Erziehung in den ländlichen Gebieten ein; eine ganz wichtige Aufgabe! Nach traditioneller Ansicht sollte das Mädchen verheiratet werden, sobald sie ihre erste Periode hat, aber in neuerer Zeit hat man sich gegen die allzu frühen Heiraten gewandt und in manchen Ländern das Heiratsalter auf 16 Jahre festgelegt. Es gab ziemliche Empörung unter den pakistanischen Gesetzesgelehrten, als das 1950 eingeführt wurde!

„Und wie ist das überhaupt mit dem Eherecht? Das scheint mir doch sehr schlimm, vor allem für die Frauen, zu sein – Polygamie, leichte Scheidung; wir lesen das ja dauernd in all den Büchern, die Europäerinnen oder aufmüpfige muslimische Frauen jetzt mit Enthüllungen bringen. So eine Ehe muß doch die Hölle sein …“

Nun, das kommt drauf an. Zunächst ist Polygamie keine Pflicht, sondern eine Option, die es dem Mann erlaubt, bis zu vier legitime Frauen zu haben, dazu Konkubinen. Eine Reihe von Frauen, die in genau definiertem Verwandtschaftsverhältnis zum Mann stehen, darf er nicht heiraten (Sure 4,23). Es wird aber vorgeschrieben, daß die Frauen ganz gleichmäßig zu behandeln sind, nicht nur in ihrem äußeren Komfort, sondern auch in der Liebe – und wer könnte sein Herz wohl gleichzeitig an drei oder vier Frauen hängen? Jedenfalls sehen die Modernisten die Anordnung der gleichmäßigen Gunstverteilung als einen verborgenen Hinweis auf die Monogamie an.

Man muß aber auch bedenken, daß bei arrangierten Heiraten, die ja weitaus in der Mehrzahl sind, die junge Frau vielleicht ganz froh ist, wenn ihr die Bürden des Ehelebens hin und wieder abgenommen oder geteilt werden – so wie z. B. in der Familie einer meiner muslimischen Studentinnen aus Indien, wo die erste Frau, die kinderlos war, eine nette Verwandte aussuchte und ihrem Mann brachte; meine Studentin sprach mit Dankbarkeit von ihrer ersten „Mutter", die sich um die Kinder kümmerte, die die andere, aktiv im Leben stehend, geboren hatte. Es ist schwierig für uns, sich das vorzustellen, und natürlich gibt es dort, wie auch sonst, mancherlei Probleme. In vielen Fällen weiß man, wenn man als Gast im Frauengemach einer solchen Familie ist, gar nicht, zu wem welches Kind gehört. Alle nehmen gleichzeitig Anteil an den Kleinen und erziehen sie gemeinsam.

„Ist es das, was man Harem nennt!" will Maria gleich wissen.

In gewisser Weise ja. Man muß das Wort *Harem* aber richtig verstehen; es kommt von der arabischen Wurzel *ḫ.r.m.*, das ist etwas Heiliges, Nicht-Profanes, wo nur bestimmte Menschen hinkommen können, so wie der heilige Raum in Mekka, der *ḥaram*, der nur nach speziellen Reinigungen betreten werden darf. Die Frauen im Frauengemach sollten also von der Berührung mit Fremden abgeschirmt werden; nur Männer, die *maḥram* (wieder von der gleichen Wurzel!) sind, durften sie sehen, also Brüder, Väter, Milchbrüder und andere, die sie nicht heiraten durften. Das Wort *ḥarām*, verboten, kommt von derselben Wurzel. Der Harem eines Fürsten war ein wohlorganisierter Organismus, wo jede der Frauen ihren Platz hatte. Daß es dabei – wie überall auf der Welt – zu Intrigen kam, ist klar, hoffte jede Frau doch, ihr Sohn werde der Haupterbe oder Nachfolger seines Vaters werden ... Aber die Haremsgemälde, die im 18. und 19. Jahrhundert in Europa beliebt waren, sind der Phantasie der Künstler entsprungen, die ein paar Schilderungen von weiblichen Reisenden gelesen hatten – sie selbst hätten einen Harem ja nie betreten dürfen!

„Kommt denn Polygamie oft vor?"

Nein, verhältnismäßig selten, denn es ist ja nicht billig, mehrere Frauen, und das bedeutet Familien, gleichmäßig zu versorgen. In Ländern wie der Türkei, wo das Schweizer Recht 1928 auch für das Personenrecht eingeführt wurde, hat sich eine Anzahl Männer freilich einen Ausweg aus der verordneten Zivil-Ehe geschaffen; sie nahmen oder nehmen noch eine Frau, die ihnen nur durch den Imam angetraut wird, aber dadurch den ehrenhaften Status der verheirateten Frau hat, selbst wenn sie nicht, wie vorgeschrieben, vom Standesamt registriert ist. Kinder aus solchen Imam-Ehen werden nach einer Weile als legitim festgestellt.

„Sehr praktisch!" meint Maria. „Aber wie ist es mit der Scheidung? Haben die Frauen da irgendwelche Rechte?"

Das Recht zur Scheidung hat dem Gesetz nach nur der Mann. Er kann die Frau züchtigen und durch den *ṭalāq*, das Aussprechen der Scheidungsformel, entlassen, aber erst beim dritten Aussprechen der Formel ist die Scheidung rechtsgültig. Dann kann er die Frau nicht wieder heiraten, es sei denn, sie habe inzwischen eine andere Ehe geschlossen und sei dort ebenfalls geschieden.

„Klingt nicht gerade angenehm", meint Maria kopfschüttelnd.

Ja, besonders, da es immer wieder vorgekommen ist, daß der Mann die dreifache Scheidungsformel hintereinander aussprach, so daß die Frau sofort geschieden war. Sie hat allerdings das gesetzliche Recht, ihre Brautgabe und das von ihr in der Ehe erworbene Vermögen (und es gab ja genug Kauffrauen und ähnliches) zu behalten. Und ein Prophetenwort sagt, die Scheidung sei das, was Gott am meisten mißfällt.

„Aber die Frau, was macht die, wenn es mit dem Mann nicht mehr zum Aushalten ist? Das wäre für mich noch wichtiger!"

Sie kann die Scheidung verlangen, allerdings unter Aufgabe ihres eingebrachten Vermögens, und es gilt als große Schande.

Aber man kann auch in die Heiratsurkunde eine Klausel aufnehmen lassen, daß sie geschieden sein soll, wenn ihr Mann z. B. geisteskrank, impotent u. a. wird; der *qāḍī,* der Richter, der den Ehevertrag aufsetzt, sollte ihr dabei helfen. Besonders in der Neuzeit scheint eine solche Klausel wichtig zu sein, wenn etwa eine Europäerin oder Amerikanerin sich mit einem Muslim verheiratet. Das sollte ihr etwas mehr Sicherheit geben.

„Und die Ehe ist einfach ein Vertrag, sonst nichts?"

Ja, in keinem Fall ein Sakrament. Der Islam hat ja, wie ich schon sagte, nichts, was den Sakramenten im Christentum vergleichbar ist, und es gibt keinen Priester. Der Vertrag wird in Gegenwart des gesetzlichen Vertreters der Braut vorgelesen und unterschrieben. Die Festsetzung des *mahr,* einer finanziellen Leistung des Ehemanns, ist fester Teil des Ehevertrags. Aber meist läßt man sich auch den Segen und einige Gebete vom Imam mitgeben. Nebenbei: Die Schiiten kennen auch die *mutᶜa,* das ist eine Ehe auf Zeit, die für eine bestimmte Periode – von einigen Stunden bis zu Jahren – festgesetzt wird; Kinder aus solchen Ehen sind legitim.

Aber wir sind ein bißchen abgewichen. Du wolltest etwas über die arrangierten Heiraten wissen, nicht wahr, Maria?

„Ja, hat denn das Mädchen überhaupt etwas dabei zu sagen?"

Sehr häufig, und in manchen ländlichen Gebieten, gibt es die Vetternheirat, was bei den weitverzweigten Familien keine großen Probleme bietet. Jedenfalls war man der Meinung, die Eltern könnten Stand, Charakter und vor allem die Familienverhältnisse besser beurteilen und so für eine dauerhaftere Beziehung sorgen als die jungen Leute auf Grund einer flüchtigen Liebe. Daß es auch vorkommt, daß junge Mädchen als zweite oder dritte Frau an einen sehr viel älteren Mann verheiratet werden, ist einer der bedauerlichen Aspekte dieses Arrangements. Zu einer Ehe zwingen kann aber nur der Vater oder Großvater die Jungfrau, aber keiner der anderen gesetzlichen Vertreter der Braut. Aber auch die jungen Männer müssen sich oft fügen; vor einer Weile kam einer meiner pakistanischen Studenten in Amerika ganz entsetzt zu mir und jammerte, seine Mutter habe ihm erklärt, zu Neujahr würden er das und das junge Mädchen heiraten (denn Heiraten zu arrangieren ist eine Lieblingsbeschäftigung der Damen, und Hochzeiten sind für viele *die* große Gelegenheit, sich zu unterhalten und Freundinnen zu sehen!). Inzwischen ist er aber sehr glücklich mit seiner Frau, die, wie er, studiert hat.

„Klingt komisch", meint Maria. „Und er bekommt sie vorher nicht zu sehen?"

Jedenfalls früher nicht. Wenn die höchst komplizierten Hochzeitsvorbereitungen beendet waren, wurde das junge Paar auf ein Sofa oder Bett gesetzt, und während sie den Koran las, sah er ihr Gesicht erstmals in einem kleinen Spiegel. So war es zumindest in den östlichen Gebieten. Und während der Bräutigam hochgeschmückt zu Roß oder Kamel ins Haus der Braut kam, war sie mit speziellen Speisen gefüttert, mit Wohlgerüchen gesalbt worden, und besonders fröhlich war die der eigentlichen Hochzeit vorausgehende Henna-Nacht, wenn sich Freundinnen und weibliche Verwandte der Braut mit Henna bewarfen und die Braut ein ganzes Spitzenmuster dieser roten Paste auf Hände und Füße gemalt bekam, denn Henna hat apotropäische Wirkung.

„Und die Hochzeit selbst?"

Ich sagte ja schon, das ist ein einfacher Vertrag.

„Und wie ist es mit der Aussteuer?"

Die wird von früh an gesammelt, und, zumindest in Pakistan, in großem Zug ins Haus gebracht. Als eine Freundin in Lahore heiratete, kamen 101 Diener, deren jeder ein Tablett mit Kleidern auf dem Kopf trug, abgesehen von den anderen Dingen. Und man hofft, daß die Gäste die Aussteuer und die Geschenke, die reichlich kommen, auch gebührend bewundern!

„Na, das klingt ja richtig atemberaubend", sagt Maria. „Muß ziemlich kostspielig sein!"

Da hast du recht – Familien ruinieren sich finanziell, um die Hochzeit so prunkvoll wie möglich zu feiern –, und die fortschrittlichen Frauenverbände haben immer wieder versucht, die Frauen davon zu überzeugen, daß diese Verschwendung purer Unsinn ist – aber es scheint wenig zu helfen.

„Und nach der Hochzeit?"

Traditionell zieht die junge Frau in das Haus des Mannes. Ich finde immer die einfachen Lieder besonders schön, in denen die junge Frau ihr Heimweh nach der eigenen Familie singt, denn der Anfang in einer neuen Familie ist sehr schwer, und die junge Frau sollte zunächst nicht zu ihren Eltern zurückkehren. Der Koran gibt dem Mann das Recht (Sure 4,35), die Frau bei obstinatem Ungehorsam zu züchtigen. Jetzt sind alle diese Regeln natürlich gelockert. Wenn sie dann ihr erstes Kind (hoffentlich einen Sohn!) geboren hat, ist ihre Stellung gefestigt, ob wir nun an Familien auf dem Land denken oder an die fürstlichen Familien in der islamischen Welt. Du hast vielleicht den Ausdruck *walide sultan* gehört, die Fürstin-Mutter, die Mutter des Thronfolgers bzw. Sultans im osmanischen Haus, die oft mehr Macht hat als ihr Sohn. Und wenn man einmal gesehen hat, wie eine betagte Mutter ihre Familie fest in der Hand hat, wird man nicht mehr so leicht von Unterdrückung der Frauen sprechen.

„Ja, aber wenn sie nicht herauskommt, oder nur in Beglei-tung – ist das nicht schrecklich frustrierend?"

Wenn man es nicht anders kennt, sicher nicht so sehr, wie wir denken. Ich kenne eine Menge Frauen, die die Sicherheit ihrer vier Wände dem gesellschaftlichen Trubel draußen oder der Unruhe der Straßen vorzogen. Eine alte pakistanische Dame, die ich gut kannte, sagte öfter zu ihrer emanzipierten Schwiegertochter: „Ach ihr armen Frauen – was für ein schreckliches Leben habt ihr! Als ich jung war, schickte mein Mann mir jeden Morgen ein neues Gewand, der Händler kam ins Haus, und ihr armen Dinger müßt auf die schmutzigen Straßen und müßt eure Handtaschen selbst tragen ..."

Maria lacht: „Na ja, man kann es vielleicht auch so sehen!" *Und: „Ist Familienplanung eigentlich erlaubt?"*

Ja, der Mann kann, wenn die Frau zustimmt, den *coitus inter-ruptus* praktizieren, wenn er fürchtet, keine weiteren Kinder mehr ernähren zu können.

„Immerhin etwas", sagt Maria trocken.

Man muß auch daran denken, daß die Frau von ihren Ge-mächern aus den Haushalt leitete: Sie war verantwortlich dafür, daß Gäste, die sie vielleicht niemals sah, gut bewirtet wurden, daß alles im Haushalt vorbildlich lief, und ihre geschickte Haushaltsführung trug damit zum Prestige des Mannes bei.

„Eine Zwischenfrage: Wie ist es denn mit dem Essen über-haupt? Ich war mal in einem türkischen Restaurant; das hat sehr lecker geschmeckt!"

Grundsätzlich sind alle Speisen erlaubt, außer Schweine-fleisch und verendeten Tieren; Tiere sollen möglichst ge-schächtet, d. h. durch den raschen Schnitt durch Halsschlagader und Luftröhre getötet werden, was das Kochen hier in unseren Ländern manchmal schwierig macht. Wo es jüdische Schlächter gibt, kann man solches Fleisch auch hier bekommen. In jedem Fall sollte der Name Gottes bei der Schlachtung genannt werden (Sure 6,121). Ich kann hier nicht eine Speisekarte von arabischen, türkischen, persischen oder indopakistanischen Speisen aufzählen; aber die Speisen, Fleisch, Fisch, Gemüse, Salate, Reis oder Weizenschrot sind köstlich, wenn auch zeitaufwendig! Ich liebe am meisten die Süßigkeiten, die oft im Türkischen so lustige Namen haben, wie *dilber dudaği*, „Lippe der Geliebten", oder *kadin göbegi*, „Frauennabel"...

„Und was trinkt man dazu?"

ayran, oder, wie man in Pakistan sagt, *lassi*, das ist mit Wasser verquirlter Yoghurt, und es gibt auch schöne Fruchtsäfte (in Riyad hat man mir mal „Kamelscocktail" vorgesetzt, eine köstliche Saftmischung), und in der Türkei kann der Kenner die verschiedenen Wassersorten so gut unterscheiden wie wir die Weinsorten! Früher aß man (und tut es auch jetzt noch manchmal) mit der Hand, d. h. mit den drei ersten Fingern der rechten Hand; denn die linke ist unrein, weil man sich damit nach der Notdurft reinigt. Händewaschen vor und nach dem Essen ist selbstverständlich.

„Ich sehe schon, das ist eine Wissenschaft für sich! Was sagten Sie also von den Hausfrauen?"

Die Frauen in den Dörfern haben harte Arbeit auf den Feldern zu leisten und waren oft noch strengeren Regeln unterworfen als Frauen in städtischer Umgebung, denn auf dem Land kamen oft noch traditionelle Tabus dazu, die sich aus dem Koran nicht ableiten lassen. Die wohlhabenden Frauen hatten andererseits auch viele Möglichkeiten, sich als Mäzeninnen zu betätigen, und waren mit einer ganzen Hierarchie von Dienerinnen und Dienern umgeben.

„Ja, wie ist es dann mit den Dienern? Gibt es noch Sklaven? Ich habe gelesen, daß die Araber ganz groß im Sklavenhandel

waren, und in den Romanen und Märchen kommen immer so schöne tscherkessische Sklavinnen vor!"

Nach dem Koran ist Sklaverei erlaubt, aber nur, wenn es sich nicht um muslimische Kriegsgefangene handelt. Einen freien Muslim oder eine Muslima kann man nicht zum Sklaven machen (obgleich das auch vorgekommen ist). Der Sklave konnte sich ein eigenes Vermögen durch Arbeit außerhalb des Hauses verdienen und sich freikaufen, wenn er genügend Geld hatte. Einen Sklaven freizulassen gilt ohnehin als ein besonders gottgefälliges Werk. Die Sklavinnen konnten als Konkubinen dienen, und wenn sie dem Herrn ein Kind gebaren, waren sie automatisch frei. Daher findet man in den großen Familien oft Mischungen der verschiedensten Rassen, und ehemalige Sklavinnen spielten eine wichtige Rolle. Viele der Mütter von Kalifen im Mittelalter waren Sklavinnen, die enormen Einfluß hatten. Die teuersten Sklavinnen waren die Sängerinnen, und Handbücher aus dem Mittelalter geben genau Auskunft über positive und negative Aspekte von Sklavinnen der verschiedensten Rassen. Heute gibt es natürlich keine Sklaverei mehr, aber du findest, daß in guten Familien die Diener oft durch Generationen der Familie treu bleiben und daß die junge Frau gern ihre Kinderfrau in das Haus ihres Mannes mitbringt, wo sie wirklich wie ein Familienmitglied behandelt wird.

„Noch eine Frage: Die Märchen erzählen so oft von schwarzen Eunuchen. Wieso das?"

Die Eunuchen wurden in erster Linie als Wächter des Harems benutzt, aber sie konnten zu allen hohen Stellungen aufsteigen, und man kennt Eunuchen, die, als militärische Führer, sogar Staatsgründer wurden. Die Kastration selbst wurde allerdings außerhalb der islamischen Gebiete vollzogen. Es gibt keine Grundlage dafür im Koran. Man importierte sie aus Afrika oder Europa, wo ja Kastraten im christlichen Mittelalter wegen ihrer hellen Stimmen durchaus eine normale Sache waren.

„Ja, aber Sie haben mir gar nicht gesagt, wie es nun mit den Jungen weiterging, nachdem sie aus dem Frauengemach kamen!"

Das kam auf die Familie an. Aber eines stand ihnen allen bevor: die Beschneidung. Zwar wird Beschneidung nicht im Koran erwähnt, weil sie offenbar als selbstverständlich angesehen wurde, da erzählt wird, der Muhammad sei beschnitten geboren worden. Die Operation wird, anders als im Judentum, nicht acht Tage nach der Geburt vollzogen, sondern wenn der Junge ihre Wichtigkeit schon erkennen kann, also wenn er sieben, acht Jahre oder etwas älter ist. In reichen Familien wurden zahlreiche Jungen gleichzeitig beschnitten und mit Musik (und im Mittelalter mit Schattenspiel) und allerlei Aufheiterung vom Schmerz abgelenkt. Die kleinen türkischen Jungen, die uns zu ihrer Feier einluden, lagen strahlend im Bett, die weiße Seidenmütze auf dem Kopf, und erzählten von der Operation. Der Stolz, nun ein vollgültiger Muslim zu sein, überwog den Schmerz. Daß die Beschneidung im Urdu *musulmani* genannt wird, zeigt diesen Aspekt. In gewisser Weise ist es ein Bundesschluß, in seiner Bedeutung vergleichbar der Firmung, Konfirmation oder *bar mitzva*. Im Türkischen nennt man sie *sünnet*, also *sunna*, „Gewohnheit". In jedem Fall wird der Junge damit erwachsen.

„Und diese schreckliche Mädchenbeschneidung, über die man jetzt so viel schreibt?"

Die kommt im Koran überhaupt nicht vor – allerdings in einigen wenigen auf den Propheten zurückgeführten Überlieferungen. Ich habe erst nach vierzig Jahren Studium der Islamkunde davon erfahren und in keiner meiner Freundesfamilien davon gehört, obgleich die Frauen untereinander sehr offen von intimen Dingen sprechen. Sie besteht in Gebieten, wo vorislamische Traditionen übernommen sind, so in Teilen Ägyptens und dem Sudan, und einige Sekten üben sie, aber nur andeutungsweise.

„Das ist ja gut, aber trotzdem ... "

Da stimme ich völlig zu; es ist eine furchtbare Verstümmelung. Und, wenn du das Leben eines frommen Muslim weiterverfolgst, so verläuft es genau wie das eines jeden von uns, nur die Feste und Fastzeiten verlaufen natürlich anders.

„Wieso?"

Wir haben doch schon mehrfach gesagt, daß das islamische Jahr, das mit der Hidschra 622 beginnt, ein Mondjahr von 354 Tagen ist, mit 12 Monaten von 29 oder 30 Tagen. Jeder Monat hat im Frömmigkeitsleben seine Eigenheiten. Der *Muharram* ist, vor allem für die Schiiten, der Trauermonat, in dem man an den Tod des Prophetenenkels Husain denkt, der am 10. *Muharram* 680 bei Kerbela getötet wurde. Der zweite Monat, *Ṣafar*, gilt als unglücklich, denn in ihm fing die letzte Krankheit des Propheten an, und am 12. *Rabiᶜ ul-awwal*, dem dritten Monat, starb er im Jahr 632. Heutzutage wird dieser Tag aber in den meisten Gebieten als sein Geburtstag begangen, eine Sitte, die wohl im 11. Jahrhundert aufkam. Farbenprächtige Beschreibungen dieses Festes gehen bis zum Jahr 1207 zurück. Besonders wichtig sind die Gedichte, in denen alle Wunder besungen werden, die sich bei Muhammads Geburt zutrugen, wobei das Licht eine besondere Rolle spielt. Die Engel und Himmelsjungfrauen halfen seiner Mutter Amina bei der Geburt, und die ganze Natur begrüßte den, der als Fürsprecher der Welten erschien. Eine schöne *maulūd*-Rezitation in der Türkei, unterbrochen von Koranrezitationen, ist schon etwas Eindrucksvolles, und das gilt auch für die meisten anderen islamischen Gebiete. Wir können hier nicht alle heiligen Feste aufzählen, da würde eine Woche bald herum sein. Es folgt *Rabiᶜ 2*. Die beiden nächsten Monate, *Dschumada* 1 und 2, haben keine besonderen Kennzeichen, aber der 7. Monat, *Radschab*, ist aus mehreren Gründen wichtig; er war schon in vorislamischer Zeit einer der vier Friedensmonate, und die Muslime gedenken am 27. *Radschab* der Himmelsreise des Propheten. Dann folgt *Schaᶜbān*, in dessen Vollmondnacht *lailat al-barā'at (berat gecesi, schab-i barāt)* fällt, an die sich viele Legenden knüpfen. Sie muß schon früh gefeiert worden sein, und man glaubt, in dieser Nacht würden die Geschicke für die nächsten 12 Monate festgelegt – also eine Art Neujahr. Deshalb verbringen ganz fromme Menschen sie im Gebet; im allgemeinen gibt es spezielle Süßigkeiten, man brennt Feuerwerk ab. Für die Schiiten gilt diese Nacht als Geburtstag des Imam Mahdi, des letzten der zwölf Imame, der jetzt in der Verborgenheit lebt. Zwei Wochen später fängt der Fastenmonat *Ramadan* an, der mit dem ᶜ*īd ul-fitr*, Fest des Fastenbrechens, abgeschlossen wird. Viele Muslime nutzen die beiden nächsten Monate, *Schawwal* und *Dhu' l-qaᶜda*, für Hochzeiten aus, denn der letzte Monat, *Dhu' l-ḥidschdscha*, ist durch die Pilgerfahrt nach Mekka und das große Pilgerfest am 10. gekennzeichnet. Die Schiiten haben noch zusätzliche Feste wie ᶜAlis Geburtstag oder den Tag von *Ghadir Khum* (am 18. *Dhu l-hidschdscha*), das ist der Tag, an dem der Prophet der Überlieferung nach ᶜAli zu seinem Nachfolger bestimmt hat. So, das ist der ganze Jahreskreis. Und daß der Tag durch die fünf Gebete gegliedert ist, weißt du ja schon.

„Und wenn der Muslim nun stirbt, was geschieht dann?"

Man soll dem Sterbenden das Glaubensbekenntnis ins Ohr flüstern, immer wieder, genau wie nach der Geburt, denn man glaubt, daß zwei Engel ihn oder sie im Grab nach seinem Glauben befragen werden, und da will man ihm die rechte Antwort einprägen. Nach dem Tod wird der Körper mit – wenn möglich – erwärmten Wasser gewaschen, bei Frauen natürlich von einer Frau. Nur bei den Märtyrern wird keine Waschung vorgenommen, denn das Blut, das sie vergossen haben, befleckt nicht, im Gegensatz zu der sonstigen strengen Vermeidung von Blut an Körper und Gewand. Am Trauerzug nehmen traditionell nur Männer teil, das Totengebet besteht aus dem vierfachen Ruf *Allāhu akbar* mit jeweils einer Segensformel. Der Tote wird mit dem Gesicht nach Mekka bestattet. Frauen sollten etwas tiefer liegen als Männer. Die Trauerperiode dauert traditionell vierzig Tage. Während der ersten Tage wird im allgemeinen nicht gekocht; die Nachbarn bringen Essen. Oft werden am 40. Tag nach dem Tod und am

Jahrestag besondere Gebete rezitiert, oder man bestellt einen oder mehrere Rezitatoren, die für eine gewisse Zeit für die Seele der verstorbenen Person den Koran rezitieren sollen. Obgleich der Prophet Trauergebräuche und wildes Klagegeschrei – man kennt ja die biblischen Klageweiber – verbot, besuchen die Frauen doch gern die schlichten Friedhöfe, und noch mehr kommen Männer und Frauen zu den Mausoleen großer Gottesfreunde, um dort eine *Fātiḥa* zu beten.

„Aber Sie wollen doch nicht sagen, daß die Frauen nur so etwas tun? Wie stehen sie denn zu anderen Aktivitäten? Was gibt es da?"

Der Anteil der Frauen im öffentlichen Leben ist beachtlich hoch. In manchen Gebieten, wie in Saudi Arabien, sind sie ja sehr eingeengt, dürfen nicht einmal selbständig Auto fahren. Aber es gibt z. B. Banken von Frauen für Frauen wie auch Dozentinnen an den Mädchen-Colleges. In Iran traf ich Frauen in den verschiedensten praktischen und akademischen Berufen, und der schwarze *tschador* hindert die Theologieprofessorin, Ärztin oder Rundfunkjournalistin durchaus nicht daran, aktiv am Leben teilzunehmen. Wichtig ist in unserer Zeit vor allem die Rolle der Juristinnen, die sich der Frauen annehmen, denn da liegt das größte Problem; die einfachen Frauen haben keine Ahnung von ihren Rechten, und daher sind Spezialistinnen sehr gefragt, die eine immense Aufklärungsarbeit zu leisten haben; und wie vor hundert Jahren das Bild der wohlhabenden frommen Frau, die eine Schule für Mädchen gründete, ein regelmäßig wiederkehrendes Thema der ersten indo-muslimischen Romane war, so sind heute viele Frauen in der Erziehung tätig, gehen aufs Land, gründen Schulen, vor allem für einfache technische Ausbildung, um Handwerker heranzubilden oder die Modernisierung der Farmen vorsichtig, aber stetig voranzutreiben; der Anteil der Frauen im Lehramt steigt ständig. Bereits in den fünfziger Jahren hatten viele islamisch geprägte Staaten prozentual mehr Universitätslehrerinnen als Deutschland, und in der Politik der islamischen Welt stellen die Frauen auch eine beachtliche Gruppe dar.

„Wie ist es denn mit Sport? Ein paar türkische Mädchen in der Parallelklasse dürfen keinen Sport mitmachen. Warum denn?"

Die Eltern fürchten wohl, daß sie nicht genügend bedeckt sind, vor allem, wenn Jungen beim Sport oder Schwimmen dabei sind. Das saudische Fernsehen zeigt z. B. nur Sportler, keine Wettkämpfe, wo Frauen teilnehmen. Aber in den islamischen Ländern gibt es genug Wettkämpfe für Frauen, und einige Nordafrikanerinnen haben sich doch auch in inter-

161

nationalen Sport-Wettbewerben ausgezeichnet. Man sieht, hier wie auf fast allen anderen Gebieten hängt es von der Auslegung ab, und leider verhärtet sich die Auslegung oft als Reaktion gegen das, was als verderbliche moderne unreligiöse Haltung angesehen wird.

„Letzte Frage! Kann eine Frau auch Staatsoberhaupt sein!"

Nein. Es gab zwar in alter Zeit und noch im 19. Jahrhundert selbständige Fürstinnen, aber in Pakistan etwa schreibt die Verfassung vor, daß eine Frau nicht Präsident sein kann; dafür haben wir dort eine Ministerpräsidentin, wie auch in der Türkei und in Bangladesh, und auf der Oppositionsseite finden sich gleichfalls aktive und ehrgeizige Frauen.

„Mit oder ohne Kopftuch!"

Das kommt darauf an; die moderne Türkin sollte keines tragen, doch verbreitet sich die Sitte in jüngster Zeit immer mehr; die Perserin bedeckt den Kopf, wobei die jetzt in Iran übliche schwarze Verhüllung ziemlich neu ist. Die Pakistanerin hat die leichte praktische *dopatta*, die über dem Haar liegt. Bedeckung des Haares ist ja in der Religionsgeschichte allgemein bekannt; eigentlich sollte auch der Mann, wie im Judentum, das Haupt bedeckt haben. Aber es gibt keine genaue koranische Kleiderordnung, und in Kuwait oder Marokko kann man alles sehen, von modernster westlicher Kleidung bis zum *niqāb*, der nur die Augen freiläßt. Für viele jüngere Frauen wird das Kopftuch zum Zeichen einer stolz gezeigten muslimischen Identität, die sie auch und gerade im Berufsleben beweisen wollen.

14. Einflüsse

Wie so häufig, sitzt Christian auf meinem Sofa und trinkt eine Tasse Kaffee, und wie auch so oft, kommt die Rede auf die Muslime, die Araber insonderheit, und ich höre seine Bemerkungen über Terroristen, drohende Gefahr, Türkenkriege usw., die ich jedesmal mit neuen Argumenten zu widerlegen suche.

Wissen Sie eigentlich, daß wir ohne die Araber kein *Sofa* hätten (arab. *ṣuffa*) und ohne die Türken keinen Kaffee? Und wenn Sie heute abend Ihren *Pyjama* und Ihre *Papuschen* anziehen, sind es persische Begriffe, *payjama*, „Beinkleid", und *pāpūsch*, „den Fuß bedeckend". Und trinken Sie nicht gern ein bißchen Alkohol vor dem Schlafengehen?

„Sicher, aber was hat das mit dem Islam zu tun! Sogar ich weiß, daß da Alkohol verboten ist!"

Alkoholische Getränke schon, aber das Wort ist arabisch, es bedeutet *al-kuḫl*, die „feinste Essenz", und es kommt aus der Chemie, *kīmīya*, die uns auch als Alchemie bekannt ist. Waren Sie nicht im letzten Urlaub in Spanien, haben am *Guadalquivir* gesessen, ohne zu wissen, daß dies *al-wādī al-kabīr*, „der große Fluß", ist, und haben die *al-ḥambra*, die „Rötliche", bewundert? Und wenn Sie spanisch sprechen, begegnen Ihnen ungezählte Wörter, die von der jahrhundertelangen Herrschaft der Araber und muslimischen Berber über die iberische Halbinsel zeugen.

„Das sind eben Wörter, so wie wir jetzt Englisch in der Computersprache verwenden", meint er.

Durchaus nicht! Vergessen Sie nicht, daß die Grundlagen der modernen Naturwissenschaften von den Arabern über

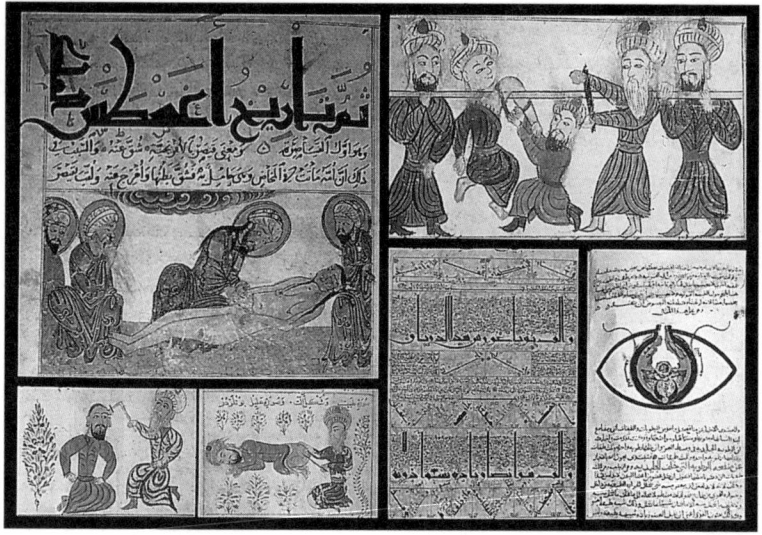

Spanien nach Europa gebracht wurden, denn kurz nach 800, als bei uns Karl der Große regierte, gab es in Bagdad eine Übersetzerakademie, in der die klassischen naturwissenschaftlichen Werke der Griechen übersetzt und mehr als übersetzt wurden. Die Araber ergänzten und vertieften sie mit eigenen Beobachtungen; so kommt es, daß medizinische Werke wie das des Razi (Rhazes) über Pocken und Masern und die Arbeiten des Avicenna – das ist der persische Philosoph und Arzt Ibn Sina (gest. 1037) – bis ins 17. Jahrhundert in Europa Standardwerke waren. Arbeiten der Muslime zur Augenheilkunde haben ebenfalls jahrhundertelang unsere Wissenschaft beeinflußt. Arabische Ärzte galten als die besten im mittelalterlichen Europa und wurden auch von den christlichen Königen herangezogen, wenn schwere Krankheiten ihre Familien bedrohten.

Außerdem, Sie sind doch ein erfolgreicher Kaufmann! Was wollten Sie machen, wenn Sie nicht die arabischen Zahlen hätten, sondern die plumpen römischen? Die Araber brachten die aus Indien stammenden Zahlzeichen in den Westen und mit ihnen die geniale Erfindung der Null, die zunächst in Europa mit Mißtrauen angesehen und als *nulla figura*, „keine Form", benannt wurde; daher ihr deutscher Name, während das arabische *şifr* in unserem *Ziffer* weiterlebt. Die kompliziertesten Rechenformen wurden in der *Algebra* – auch ein arabisches Wort – durchgeführt, und der *Algorithmus* erinnert uns noch an den großen Mathematiker al-Khwarizmi. Die Mathematik ging zusammen mit der Astronomie und, wie im Mittelalter üblich, der Astrologie. Haben Sie sich nie über die seltsamen Sternnamen wie *Wega* und *Beteigeuze* gewundert oder sich gefragt, woher unser *Nadir* und *Zenith* kommen?

Es ist doch interessant, daß *Zenith* eine Verschreibung des arabischen *samt* ist, wo der Abschreiber das *m* in *ni* verlas; aber wir alle kennen ja den Zenith, ohne zu fragen, wo das Wort und der Begriff herkommen. Die Araber waren Experten in der Herstellung von Astrolabien, mit denen man den Sternstand mißt, unentbehrlich für die Seefahrten und bei langen Wüstenreisen. Spanien lernte viel über Landwirtschaft von den Mauren oder Sarazenen, wie man sie im Mittelalter nannte. Die blühenden Gärten Granadas und Cordobas entstanden durch arabische Anregung. Und denken Sie an die herrlichen Bauten, die sie uns in Spanien und Sizilien hinterlassen haben und deren Stil, wie vermutet wird, die entstehende Gotik beeinflußte!

„Sind Sie nicht zu positiv?" fragt Christian.

Nein! Lesen Sie einmal, was J. G. Herder, sicher nicht der größte Verehrer der islamischen Kultur, in seinen *„Briefen zur Beförderung der Humanität"* schreibt: „Jeder Schritt zur Vervollkommnung geschah unbemerkt nach arabischem Vorbild." Und sagt nicht Goethe:

> HERRLICH IST DER ORIENT
> ÜBERS MITTELMEER GEDRUNGEN,
> NUR WER HAFIS LIEBT UND KENNT,
> WEISS, WAS CALDERON GESUNGEN.

„Das dürfte doch wohl poetische Übertreibung sein", meint
mein Gast.

Durchaus nicht. Die arabische Kultur wurde in Spanien aufgenommen und beeinflußte die spanische Poesie, die reizende
Liebespoesie bildete sich dann in der französischen Trouba-
dourpoesie weiter, obgleich es noch immer unterschiedliche
Bewertungen dieses literarischen Einflusses gibt. Aber der
Gedanke der höfischen Liebe, der Verehrung für eine ferne,
unerreichbare Dame ist in der arabischen Poesie des 10. und
11. Jahrhunderts vorgebildet. Sie sollten einmal das Werk des
aus Spanien stammenden muslimischen Theologen Ibn Hazm
lesen (gest. 1064), das als *„Halsband der Taube"* in Deutsch
vorliegt. Auch die Musik wurde von den großen Künstlern, die
von Bagdad aus nach Spanien kamen, beeinflußt.

*„Schließlich gab es in Spanien doch eine große christliche
Bevölkerung. Wie verhielt die sich zu der Übermacht der
‚Mauren'?"*

Es gab nicht nur einen christlichen, sondern auch einen jüdischen Bevölkerungsteil, und das mittelalterliche Spanien, vor
allem Toledo, wurde zu einem Zentrum des geistigen Aus-
tausches. Hier wurden Übersetzungen aus dem Arabischen
ins Lateinische angefertigt. Dadurch wurden die von den
Arabern aus den griechischen Quellen übertragenen Werke,
deren Originale meist verloren gegangen waren, den west-
europäischen Gelehrten zugänglich gemacht. Ohne die Akti-
vität der Araber wären diese Schätze ganz und gar verloren
gewesen. Und es geschah durch arabische Vermittlung, daß
die Werke des Aristoteles im Okzident wieder auftauchten
und zu großen philosophischen Debatten führten, in denen
die christlichen Theologen sich sogar der Argumente eines
der führenden muslimischen Denker, al-Ghazzali (gest. 1111),
bedienten, um Averroës, den Interpreten des Aristoteles,
zu widerlegen. Aber das ist eine lange Geschichte, die in
die Geschichte der christlichen Theologie und Philosophie
gehört.

„Als Überbringer der griechischen Weisheit kann ich mir die Araber allenfalls vorstellen, aber es dürfte doch wohl kaum etwas von der eigentlich islamischen Denkweise in Westeuropa zu finden sein."

Ein Irrtum! Gewiß, der Koran wurde von den christlichen Theologen abgelehnt, als er 1143 erstmals von Robertus Ketenensis mehr schlecht als recht ins Lateinische übertragen wurde, und Mißverständnisse und die Ablehnung vieler im Koran vorkommender Begriffe machten es für die christliche Theologie schwierig, sich von der Aversion gegen eine Religion loszumachen, die bestenfalls eine Häresie des Christentums zu sein schien. Und doch findet man erstaunliche Einsichten. Ich nenne hier nur Ramon Lull, den Katalanen, der sehr gut arabisch konnte und dessen Missionsroman *Blanquerna* eine erstaunliche Toleranz aufweist, die schon ein wenig Gedanken von Lessings *„Nathan"* vorwegzunehmen scheint. Er ermahnte seine Landsleute, dem muslimischen Beispiel zu folgen, jedes Werk mit den Worten „Im Namen Gottes" zu beginnen, und in seinem *„Buch vom Liebenden und vom Geliebten"* gibt es unter den 366 Sentenzen viele, die klar auf arabische Quellen zurückgehen. Das bringt mich zur Mystik: Es dürfte schwierig sein, islamische Einflüsse auf die großen spanischen Mystiker wie Johannes vom Kreuz zu leugnen, ebenso wie es zwischen den muslimischen Sufiorden der nordafrikanisch-ägyptischen Schadhiliya und den *Alumbrados* Verbindungen zu geben scheint, ganz zu schweigen von der Regel des Jesuitenordens, dessen auffallende Ähnlichkeit mit Regeln von Sufiorden sogar meine jesuitischen Freunde anerkennen.

Mein Gesprächspartner seufzt. „Auch das noch!"

Und jetzt noch einen Schock für Sie! sage ich. Es scheint ziemlich sicher, daß die Legenden, die im Mittelalter um die Himmelsreise des Propheten gewoben wurden und von denen ich schon früher erzählt habe, im Mittelmeerbereich bekannt waren und daß sie Einfluß auf Dantes *„Göttliche Komödie"* ausgeübt haben, wo freilich der Prophet Muhammad dann ins tiefste Inferno gesetzt wird ...

Und denken Sie an die zahlreichen Märchenstoffe, die durch Vermittlung der Araber von Indien und Iran nach Europa kamen und dort in Büchern wie den „Sieben weisen Meistern" usw. bis hin zu La Fontaines Fabeln unsere Fantasie beflügelt haben. Das Schachspiel, dem König Alfons der Weise von Spanien einen Traktat widmete, wurde uns aus dem Orient gebracht, und auch die Falkenjagd, über die Kaiser Friedrich II. von Hohenstaufen, der große Bewunderer arabischer Kultur, sein berühmtes Buch schrieb. Schließlich all die Kulturgüter, die teils über Spanien, teils infolge der Kreuzzüge uns erreichten. Der *Musselin* stammt aus Mosul, *Damast* aus Damaskus, die *tabby cat* im Englischen erinnert an den Moiréestoff ᶜ*attābi*, der im Stadtviertel ᶜ*Attab* von Bagdad gewebt wurde. Der Kaisermantel, den man in Wien bewundern kann, trägt eine lange arabische Inschrift in kufischen Lettern, und liturgische Gewänder haben manchmal Inschriften in arabischen Zeichen, weil sie aus den kostbaren Seiden hergestellt wurden, die aus den Hofmanufakturen in Ägypten und dem Irak stammten; etwas später kamen türkische Teppiche nach Europa, wie wir aus den Gemälden, z. B. von Holbein, erkennen.

Wir könnten noch weiter mit solchen Einflüssen fortfahren, die im Lauf der Jahrhunderte Europa berührten. Kann ich Ihnen einen Limonensorbet anbieten, damit wir stilvoll bleiben? Denn die Limone wie der Sorbet oder *Scherbet* kommen beide aus dem Orient ... Und dazu lege ich Ihnen eine Platte mit Mozarts „Türkischem Marsch" auf. Oder soll ich Ihnen Hauffs Märchen „Kalif Storch" vorlesen, oder, wenn Ihnen das zu kindlich ist, Hofmannsthals „Märchen der 672. Nacht"?

15. Literatur

„Vor einiger Zeit hat doch Naguib Mahfuz den Literatur-nobelpreis bekommen", sagt Christian. „Wie ist das denn mit der Literatur im Islam bei den Arabern?"

Wenn Sie von Literatur sprechen, dürfen Sie nicht nur die Araber erwähnen. Sie haben doch sicher Goethes West-Östlichen Divan gelesen und gemerkt, wie stark er vom Persischen beeinflußt ist, und Sie können ja auch genug Werke aus der modernen türkischen Literatur schon in deutscher Übersetzung finden. Dazu kommen die Literaturen aus den anderen islamischen Sprachgebieten wie dem Urdu ...

„Was ist denn das schon wieder?"

Urdu ist die offizielle Sprache Pakistans, wird aber auch sehr viel in Indien gesprochen. Es ist grammatisch dem Hindi ganz ähnlich, nur stärker mit islamischen Ausdrücken durchsetzt und in der arabischen Schrift geschrieben, und zu den pakistanischen Sprachen gehören Sindhi, Pandschabi, Paschto, die alle eine reiche Literatur haben, vor allem eine sehr schöne Volksdichtung.

> FARBIG UND BUNT
> IST DER GELIEBTE, WIE SEIDE.
> IHN, DER DIE SEELE BERAUSCHT,
> WIE KÖNNTE IHN MAN VERGESSEN?

Oder was sagen Sie zu solchen Strophen, die der große Dichter der Pathanen, Rahman Baba, um 1700 in seinem langen Gotteslob sang:

> VOR IHM WIRFT SICH DIE ERDE BETEND NIEDER,
> DER HIMMEL BEUGT SICH IM GEBET VOR IHM.
> ANBETEND STEHT VOR IHM DER BAUM IM WALDE.

Ein jedes Gras ist Zunge seines Lobs.
In seinem Lobpreis sind beständig alle,
Ob's Engel sind, ob Geister, ob der Mensch.
Sein Lob verkündet jeder Fisch im Wasser,
Im Hain singt jeder Vogel seinen Preis ...
Nicht hat sein Wissen Ende oder Grenzen –
Sein Wissen ist ein grenzenloses Meer.
Nicht einer ist ihm ähnlich oder gleichend,
Und er ist keinem ähnlich oder gleich.
In ihm gibt es nicht Mangel, Makel, Mindern –
Ganz makellos ist, ohne Mind'rung er.
Nichts seinesgleichen, und nicht Ort noch Stelle –
Ganz ohnegleichen, ohne Ort ist er.
Er ist ganz rein, ganz ohne jeden Zweifel
Von allem dem, woran man zweifeln kann.
Niemand hat ihn erblicket je mit Augen,
Doch ohne Wie und Weil zeigt er sich klar.
Wer sagt: „Man sieht ihn nicht!" – Man sieht ihn niemals.
Wer sagt: „Doch, überall!" – Da ist er auch.
Von aller Form ist frei er und von Richtung,
Und alle Form und Richtung kommt von ihm.
Von seinen Tausenden von Eigenschaften
Hab ich besungen eine halbe nur!

*„Klingt ja beinahe wie ein Psalm oder ein Kirchenlied!" sagt
Christian überrascht.*

Nun, Gedichte dieser Art findet man beinahe in allen islamischen Sprachen. Vergessen wir aber nicht das musikalische
Bengali, und die verschiedensten Sprachen Südostasiens und
der islamisierten Teile Afrikas, wie Suaheli oder Fulbe oder
Haussa, besitzen eine sehr interessante Volksdichtung. Wenn
jetzt Naguib Mahfuz den Nobelpreis erhalten hat, so muß
man wissen, daß Romanschriftstellerei oder Novellistik in
allen diesen Ländern ein Novum ist; die klassische große
Literatur ist die Poesie, und die altarabischen Oden sind
Meisterwerke der Wortkunst. Rückert hat einige von ihnen
übertragen. Natürlich entwickelte sich auch die Lyrik, vor

allem Liebeslyrik. Und gleichzeitig kam im Arabischen eine beschreibende Prosa auf; historische, geographische, wissenschaftliche Werke, und zur Erheiterung schrieben manche Historiker *maqāmen,* das sind eine Art Novellen, in denen Wortspiel und Sprachkunststücke den eigentlichen Reiz einer sonst ziemlich unwichtigen Geschichte ausmachen. Lesen Sie einmal Rückerts Übertragung der *„Makamen des Hariri",* dann brauchen Sie kein Arabisch mehr zu lernen, um sich an Wortkunststücken zu entzücken! Aber die arabische Literatur wurde nicht nur von den Arabern gepflegt, sie wurde überall verwendet, wo Muslime lebten; denn jedermann mußte ja ein wenig Arabisch können, zumindest genug, um die Gebete korrekt zu rezitieren, und die arabische Schrift verbreitete sich überall. Ich sagte ja schon einmal, daß alle islamischen Sprachen bis zu einem gewissen Grad von der Sprache des Korans beeinflußt sind. So finden Sie arabische wissenschaftliche und historische Werke überall, sei es im Senegal, sei es in Indien. Aber natürlich hatte doch jedes Gebiet seine eigenen Literaturen; die Perser beginnen seit dem 10. Jahrhundert auch ihre Muttersprache für die Literatur zu benutzen, und schon um das Jahr 1000 wurde ihr Nationalepos, das *Schāhnāma,* geschrieben, das über 50 000 Verse umfaßt. Das lange Gedicht in reimenden Doppelversen ist eine Erfindung der Perser, es heißt *mathnawī,* und es wurde in den folgenden Jahrhunderten für didaktische und romantische Themen benutzt. Die großen mystischen Dichter Irans, Sana'i von Ghazna, ᶜAttar und Rumi, sind durch ihre *mathnawīs* berühmt geworden, in denen sie die Gedanken der Mystik in wunderbaren Bildern ihren Hörern zeigten. Könnte man einfacher ausdrücken, daß Gott unerfaßbar, unbeschreibbar ist, als es der große Lehrdichter Sana'i im heutigen Afghanistan vor nahezu 900 Jahren getan hat:

IM LANDE GHOR WAR EINE GROSSE STADT,
DARIN ES NICHTS ALS BLINDE LEUTE HAT.
EIN FÜRST KAM MIT DEM HEER ZU DIESEM ORT
UND SCHLUG SEIN ZELT AUF IN DER STEPPE DORT.

Er hatte einen Elefanten mächtig,
Voll Stolz und Majestät, gar gross und prächtig.
Die Leute, die das Schreckliche vernommen,
Sie wollten gerne sehn, was da gekommen,
Und ein paar Blinde aus der Blinden Mitte,
Zum Elefanten lenkten sie die Schritte;
Die Form und die Gestalt des Elefanten
zu sehen – wie die Leute eilends rannten!
Und sie berührten ihn (sie sah'n ihn nicht,
Da ihre Augen ohne Augenlicht!).
Und jeder, der ein Glied von ihm berührte,
Erfuhr nur das, was seine Hand verspürte,
Und jeder machte sich ein falsches Bild
Und band sein Herz an Fantasiegebild.
Als sie zur Stadt zurückgekehrt im Lauf,
Da führten sie sich gar grossmäulig auf,
Da alle nach der Form des Tieres fragten
Und lauschten gut auf das, was jene sagten.
Der eine griff des Elefanten Ohr
Und redete dem, der ihn fragte, vor:
„Welch eine Form das Riesen-Untier hatte –
Ganz breit und schwer und weit, wie eine Matte!"
Und der den Rüssel griff mit seiner Hand,
Sprach: „Dieses ward mir ganz genau bekannt:
Er ist so lang wie eine Regenrinnen,
Ganz fürchterlich, und auch ganz hohl von innen!"
Und wer berührte von dem Elefanten
Mit seiner Hand die Füsse des Giganten,
Der sprach: „So stark und fest ist seine Form
Wie einer kegelförm'gen Säule Norm!"
Denn jeder hatte nur ein Teil berührt –
So waren in die Irre sie geführt,
Befangen in unnützer Fantasie,
Im Sack gefang'ne Idioten sie!

Denn den Geschöpfen ist Gott nicht bekannt –
Zu Ihm hat keine Wege der Verstand!

„Doch", gibt Christian zu, „das ist wirklich ganz verständlich – und eigentlich ... ja eigentlich stimmt es auch!"

Und die Romantiker, wie Nizami (gest. 1209), haben die rührenden Liebesgeschichten von Madschnun und Laila und von Schirin und Farhad und Chusrau besungen, und diese Themen sind im Lauf der Jahrhunderte von Dichtern in Iran selbst, in der Türkei und in Indien immer wieder nachgeahmt worden. Gerade die Epen Nizamis und seiner Nachfolger sind Dutzende von Malen illustriert worden. Daneben entwickelte sich eine reizvolle Lyrik und Panegyrik, die man freilich nur recht genießen kann, wenn man die ganzen rhetorischen Fäden geduldig aufdröselt, denn jeder Vers enthält mehrere Bedeutungsebenen, und das Wichtigste ist nicht so sehr der erlebte Inhalt, sondern ist die Kunst der Worte und Bildspiele ... Nehmen Sie mal so etwas wie diesen berühmten Vers von Hafiz:

WENN JENER TÜRKE AUS SCHIRAS MEIN HERZ WÜRD' NEHMEN IN DIE HAND
ICH GÄBE FÜR SEIN INDISCH MAL BUCHARA HER UND SAMARKAND.

„So etwas Ähnliches habe ich mal gehört", wirft Christian ein, „aber da war es kein Türke, sondern eine Weiblichkeit – und von ‚indisch' kam auch nichts vor, da war von einem schwarzen Schönheitsfleck die Rede."

Das war eine der ungezählten Übersetzungen dieses Verses! Ich habe sogar in Amerika eine Übertragung gefunden, wo der weinkredenzende Türke zur barmaid umfunktioniert wird ...

„Ja, aber der Vers ist doch ziemlich flach – warum ist er so berühmt?"

Bei diesem Vers, wie bei so vielen persisch-türkischen Gedichten, kommt es nicht so drauf an, was gesagt wird, sondern wie es gesagt wird. Türke und Hindu sind Gegensätze; der Türke ist in der klassischen persischen Dichtung der hellhäutige, schöne, grausame Geliebte, der Herrscher, weil sehr viele Dynastien im östlichen islamischen Raum türkischen Ursprungs waren; und der Hindu ist schwarz, niedrig, ein

Diener. Dann gibt es in dem Vers drei Städtenamen: Schiras, Buchara und Samarkand, drei Körperteile: Herz, Hand und Schönheitsfleck, und ferner den Gegensatz von „nähme" und „gäbe". Sie sehen also, der eigentliche Witz liegt im Rhetorischen, wie das schon Goethe in seinen *Noten und Abhandlungen zum West-Östlichen Divan* festgestellt hat. Nun werden Sie verstehen, warum es so schwierig ist, klassische persische und verwandte Lyrik und Epik wirklich verständlich in eine andere Sprache zu übertragen.

Die persische Literatur – Poesie und Prosa, historische und schöngeistige Werke –, die im indischen Subkontinent seit dem späten 11. Jahrhundert verfaßt wurde, ist übrigens bei weitem umfangreicher als die in Iran selbst entstandene Literatur. In Indien bedienten sich auch gebildete Hindus des Persischen, das dort bis 1835 Verwaltungs- und Bildungssprache war. Daher hat das Urdu auch so viele persische Wörter.

„Und das Türkische?"

Das entwickelte seine höchste Blüte in der Türkei und vor allem am osmanischen Hof in Istanbul, und bis heute besingen türkische Dichter diese zauberhafte Stadt. Hören Sie, was der „letzte Klassiker", Yahya Kemal, schreibt:

> GÄB EINE RÜCKKEHR AUS DEM JENSEITS ES,
> IN EINEM ZWEITEN LEBEN AUFERSTEHEN,
> KÖNNT' JEDER GEIST IM HIMMEL EINEN PLATZ
> NACH SEINEM WUNSCHE SICH ERÖFFNEND SEHEN,
> HÄTT' FREUNDLICH SICH DAS GLÜCK MIR ZUGEWANDT
> UND GÄB' MIR EINEN NEUEN STERN ZUR HAND,
> SO KÜMMERT' ICH UM SOLCHE HULD MICH NICHT –
> ICH MÖCHTE WIEDER NACH ISTANBUL GEHEN!

Und der größte der modernen Dichter, sein Antagonist Orhan Veli, drückt es so aus:

> ICH HAB' NICHT VOR,
> AUF REISEN ZU GEHN:

ABER WENN ICH SO WAS UNTERNEHMEN SOLLTE,
FÜHR' ICH GERADESWEGS NACH ISTANBUL.
WENN DU MICH IN DER TRAM NACH BEBEK SÄHEST,
WAS WÜRDEST DU DANN WOHL TUN?
JEDOCH, WIE BEREITS GESAGT,
HAB' ICH NICHT VOR, AUF REISEN ZU GEHN.

Bereits seit etwa 1300 gab es auch eine reizvolle mystische Volkspoesie. Mit dem Zusammenbruch des osmanischen Reiches wandten sich die Türken dann der modernen westlichen Literatur zu, deren erste Beispiele schon im 19. Jahrhundert zu finden sind.

Das aber ist eine allgemeine Erfahrung: In allen islamischen Gebieten setzen unter dem Einfluß des Kolonialismus Versuche zur Annäherung an westliche Modelle ein. Statt des klassischen *ghazals,* des Gedichtes mit Monoreim, übernimmt man westliche Formen und um 1945 auch den freien Vers, und die Romane und Novellen wenden sich sozialen Themen zu. Kurz, alle Formen unserer Literatur kann man finden, und die jüngere Generation ist mit der komplizierten, aber überaus reizvollen Bildersprache der klassischen Dichtung kaum mehr vertraut. Neuerdings kommt schüchtern eine moderne islamische Novellistik auf, und man schreibt auch Dramen, der klassischen Dichtung unbekannt. Ein modernes ägyptisches Drama, *al-ginzīr,* in der Volkssprache verfaßt, hat kürzlich z. B. das brennende Thema des Terrorismus aufgenommen, und hat dadurch eine wichtige aufklärende Funktion. Aber wahrscheinlich ist die bedeutendste moderne Kunstform, in der sich die islamischen Länder auszeichnen, der Film, der eine beachtliche künstlerische Höhe erreicht hat.

16. Kunst

„Waren Sie schon in der Ausstellung ,Farben im neuen Haus'?" fragt Maria. „Das sind nämlich Gemälde von türkischen Künstlern, die in Deutschland leben. Aber ich habe eigentlich nichts richtig ,Orientalisches' gefunden, es sieht alles so aus wie unsere modernen westlichen Stilarten. Aber eins hat mich doch gewundert: Wieso gibt es so viele Maler, wo der Koran doch Bilder verboten hat?"

Nicht der Koran, sage ich. Das Bilderverbot beruht auf einigen dem Propheten zugeschriebenen Bemerkungen. Es war zunächst wohl in erster Linie gegen die Herstellung von Statuen gerichtet, damit man nicht etwa Götzenbilder herstellte und womöglich anbetete.

„Gibt es denn überhaupt keine figürliche Plastik, so wie in Griechenland?"

Nein, es gab, und zwar selten, Rundfiguren, aber die nackten Figuren des klassischen Altertums erschienen den Muslimen allzu sündhaft, verstoßen sie doch gegen das Gebot züchtiger Bedeckung.

Dafür gibt es jetzt gewaltige Standbilder politischer Führer, und man kann auch ungezählte Porträts sehen. In Iran findet man zudem Illustrationen zu den Lebensgeschichten der Propheten, etwa im Stil der Nazarener, und es gibt höchst kitschig wirkende Darstellungen heroischer, religiöser und auch frivoler Szenen – sogar auf feingeknüpften Teppichen. Wenn man an die geradezu leidenschaftliche Begeisterung denkt, mit der man sich photographieren läßt (am liebsten als *group photo*) – dann scheint von der ursprünglichen Scheu vor der Abbildung lebender Wesen nicht viel übrig zu sein. Ich habe aber auch fromme Männer kennengelernt, die jeder Kamera eilends aus dem Wege gingen.

„Gibt es denn auch Bilder aus früheren Zeiten?"

Ja! Vielleicht hast du einmal einige Miniaturen im Islamischen Museum in Berlin gesehen, wo es herrliche Manuskripte mit Illuminationen gibt, und die Schätze in London,
New York, Washington, Paris und vielerorts sind zum Teil
atemberaubend schön.

*„Aus welcher Zeit und aus welchem Land stammen sie
denn?"*

Die ersten Gemälde im echten Sinn stammen aus der
Omayyadenzeit. Die Omayyaden – die ersten Herrscher nach
den vier rechtgeleiteten Kalifen – hatten Wand- und Decken-
gemälde in ihren Wüstenschlössern, die aus der Zeit um 700
unserer Zeitrechnung stammen. Auch später gab es Wand-
malereien in Schlössern. Aber als sich die Buchkunst entwickelte, als also der Gebrauch des Papiers im späteren
8. Jahrhundert bekannt wurde, begann man auch, Manuskripte zu illustrieren, vor allem naturwissenschaftliche und
medizinische, um bestimmte handwerkliche Details zu
zeigen: Wie funktioniert ein bestimmter Automat, welche
Kräuter werden zu der und der Medizin verwendet? Auch die
Geschichten, die Rückert als „Makamen des Hariri" so
meisterhaft ins Deutsche übertragen hat, sind häufig im 11.
und 12. Jahrhundert illustriert worden. Aber die eigentliche
Entwicklung der Buchmalerei vollzieht sich in Iran, wo die
großen persischen Epen ein unendliches Feld für Illustratoren
darstellten, Firdausis *„Schahnāma"*, bald nach dem Jahr 1000
im Ost-Iran entstanden, inspirierte die Maler seit dem frühen
14. Jahrhundert, und wir können anhand der Manuskripte die
Entwicklung des malerischen Stils ziemlich genau verfolgen.
Fast noch beliebter waren Nizamis fünf Epen, die *Chamsa*, die
den Malern immer wieder Stoff gaben. Deshalb findet man
Hunderte von Darstellungen z. B. von dem liebeskranken
mageren Madschnun, der, von Tieren umgeben, seiner geliebten Laila gedenkt. Auch die ungezählten Nachahmungen
der Nizamischen Epen, sei es in Indien, sei es in der Türkei,

wurden illustriert. Im 14. Jahrhundert beleben mongolische Einflüsse die Malerei, und das türkisch-mongolische Schönheitsideal, rundes „Mondgesicht" mit schmalen Augen und einem winzigen Mund, herrscht dann sowohl in der Malerei als auch in dichterischen Beschreibungen von schönen Menschen vor. Es gibt ferner überaus zarte Pinselzeichnungen, manchmal leicht mit Gold gehöht ...

„Was für eine Technik haben die Maler denn überhaupt verwendet?"

Sie hatten natürlich Naturfarben, Rot aus Käfern, Blau aus Lapislazuli, Gelb oft aus Kuhurin usw.; die Pinsel waren unvorstellbar fein, mit einem einzigen Haar aus der Kehle eines Kätzchens oder Eichhörnchens an der Spitze. Man muß einmal so eine Miniatur aus dem 15., 16. Jahrhundert in vielfacher Vergrößerung projiziert sehen – da kann man manchmal sogar den Schatten der Wimpern auf der Wange sehen.

„Unwahrscheinlich! Aber ‚Schatten' – hatten die Maler denn auch Schatten und Perspektive?"

Nein, die Bilder sind, ihrer Verwendung im Buch entsprechend, zweidimensional und damit ja auch keine lebensechten Darstellungen. Erst später, vor allem in Indien im 16. und 17. Jahrhundert, kommen Perspektive und eine naturalistischere Darstellung hinzu, die ein wenig von Europa beeinflußt ist, denn in Goa wirkten die Portugiesen und machten iberische Kunst im südlichen Indien zumindest etwas bekannt, während im Mogulreich die Jesuiten seit 1580 europäische Illustrationen mitbrachten. Dieser europäische Einfluß nahm dann zu, vor allem in Iran und in der Türkei. Es gibt noch Miniaturisten, die die alten Techniken beherrschen (man muß sehr vorsichtig beim Kauf einer Miniatur sein, weil es ungezählte Fälschungen gibt). Aber nichts geht über eine klassische persische Miniatur wie die Himmelsreise Muhammads, die der große Maler Sultan-Muhammad um 1535 in Iran für eine Nizami-Handschrift malte. Auch die lebensgetreuen Porträts, die am Mogulhof in Indien entstanden, sind erstaunlich genau. Dort wetteiferten übrigens Hindus und Muslime in den kaiserlichen Ateliers.

Aber Malerei ist wirklich nur ein Seitenzweig der islamischen Kunst. Figürliche Darstellungen kommen nicht nur in Manuskripten vor, sondern, zumindest in der Frühzeit, noch viel häufiger auf Keramikgegenständen und auf Metall. Denn die Muslime entwickelten die verschiedensten Keramik-Techniken; darunter waren Lüsterwaren, deren Farben mit Metall versetzt waren und die durch ein bestimmtes Brennverfahren einen metallischen Glanz erhielten. So konnten sie als Ersatz für goldene Gefäße dienen, deren Gebrauch verpönt war. Es gibt die Minai-Keramik mit ihren zierlichen Darstellungen von Menschen und Tieren und andere weite Gefäße, auf denen ganze Märchenszenen dargestellt sind, wobei auf den Rand Texte in Poesie oder Prosa gekritzelt sind. Später wurde übrigens die Türkei ein Zentrum für Keramik. Du hast sicher schon einmal die prächtigen Schalen und Krüge aus Iznik mit ihrem blauen, grünen und tomatenroten vegetabilischen Dekor bewundert.

Und denk an die unendlich zeitaufwendige Arbeit, mit der man Metallgefäße mit Gold oder Silber tauschierte. Solche Gefäße sind nicht nur oft ganz von feinstem Arabeskwerk übersponnen, sondern tragen auch Szenen aus dem Hofleben oder Darstellungen der Tierkreiszeichen, denn Astrologie spielte auch eine wichtige Rolle. Ob es nun Kerzenständer oder Tintenfässer oder große Wasserbecken mit eleganten Kannen für die Waschung waren, ihre Dekoration ist immer bemerkenswert, ob sie nun im Mittelalter in Mosul oder Iran hergestellt worden sind oder im 17. Jahrhundert im südlichen Indien …

„Entschuldigen Sie: Was ist eine Arabeske eigentlich wirklich? Irgend etwas Verschlungenes, glaube ich …"

Es gibt eine genau Definition der Arabeske von Aloys Riegl, der vor rund hundert Jahren feststellte, daß das eine Gabelblattranke ist, wo immer neue Blüten und Blätter aus Blättern und Blüten hervorwachsen und sich unendlich fortsetzen können. Man verwendet das Wort aber auch für geometrische

Formen, die sich unendlich wiederholen, wobei es raffinierte Spiegelungssysteme gibt. Ihr wart doch letztes Jahr in der Alhambra, da konntest du sehen, wie die geometrischen Muster der Wandverkleidung ineinandergreifen. Die Araber waren ja große Mathematiker, und selbst für moderne Mathematiker ist es schwierig, die Operationen nachzuvollziehen, durch die solche geometrischen Formen aus Dreiecken, Vierecken, Fünfecken auf tausenderlei Art entwickelt wurden. Es gibt aus dem Mittelalter Handbücher für die Konstruktion solcher Ornamente, und die Formeln wurden wohl von Generation zu Generation in den Werkstätten weitergegeben. Ob sich darin wirklich „mystische" Ideen verbergen, wie manche Kunsthistoriker glauben, das ist schwer zu sagen – ich finde schon die rein mathematische Konstruktion ein wahres Wunder. Sieh dir mal das Sternmotiv in der Kuppel der Karatay-Medrese in Konya an, die 1258 als Lehrstätte für Mathematik und Astronomie erbaut wurde!

„Ich kann mir absolut nicht vorstellen, wie man so etwas überhaupt konstruieren kann", sagt Maria kopfschüttelnd. „Und das alles ohne Computer ... Aber sagen Sie, was ist da in dem Band mit den schwärzlichen Linien unterhalb der Sterne?"

Das ist eine Inschrift, eine koranische Inschrift, wie man sie überall in der islamischen Welt findet. Du erinnerst dich, ich erzählte von der sogenannten Kufi-Schrift, die anfangs für Koranabschriften verwendet wurde. Die Schrift wurde aber auch auf Stein, Holz und auf Stoffen gebraucht, und sie wurde im Lauf der Jahrhunderte immer komplizierter. Nicht in Handschriften – schließlich mußte der Text ja leserlich bleiben, aber auf Keramik und Stein wurden die Buchstaben immer reicher verziert und auch verknotet. Die Inschrift hier ist im sogenannten Flechtkufi geschrieben, das sich in der Mitte des 12. Jahrhunderts in Spanien ebenso wie in Afghanistan und dann auch in Indien findet. Besonders gut ließ sich das Wort *Allāh* in geflochtener Form schreiben; das trug wohl zur Entwicklung dieser Technik bei.

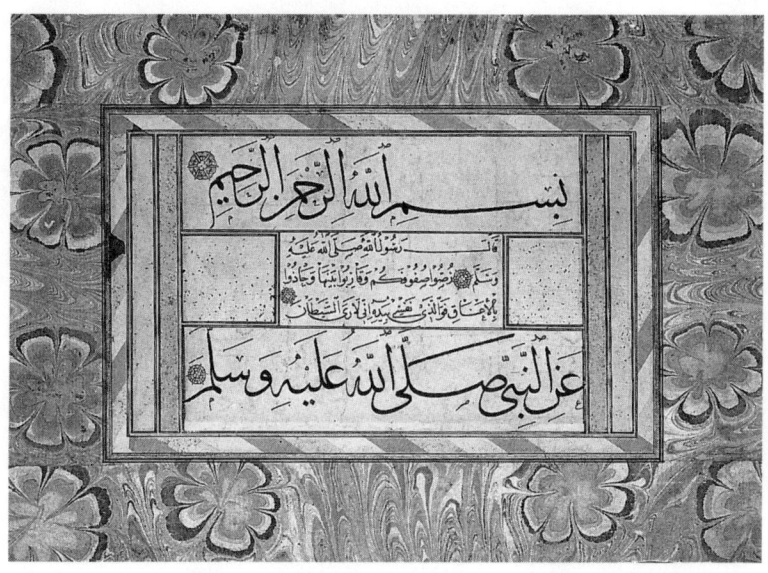

„Und dann, was passierte dann? Die arabischen Zeichen, die man manchmal sieht, auf einer Zeitung zum Beispiel, die sehen doch ganz anders aus."

Von Anfang an gab es neben der feierlichen hieratischen Form der Schrift auch eine Kursive. Aber sie wurde erst kalligraphisch verfeinert, als man 751 das Papier in Zentralasien kennenlernte, denn auf Papyrus kann man keine elegante Schrift ausführen. Es war der Wezir Ibn Muqla, der kurz nach 900 ein System entwickelte, die Buchstaben mit Hilfe von geometrischen Formen, Rhomben, Halbkreisen regelmäßig und harmonisch zu formen, und seine Regeln gelten bis heute – wenn man also Kalligraphie lernen will, muß man ganz genau wissen, welcher Buchstabe wie viele Punkte (nach der Breite der Rohrfeder gemessen) hoch, und wieviele breit ist ... Ibn Muqla starb 940 in Bagdad, nachdem man ihm erst die eine, dann die andere Hand abgeschlagen hatte – die schlimmste Strafe für einen Kalligraphen; aber er schrieb auch mit den Armstümpfen weiter, und sein Name blieb bis heute berühmt, wenn auch seine Nachfolger (darunter auch eine gelehrte Dame) seinen Stil immer weiter verfeinerten. In Iran neigte man zu einem etwas schrägliegenden Stil, der nach links unten ausschwingt, weil das der grammatischen Struktur des Persischen besser entspricht. Auch dort wurden Ibn Muqlas Regeln angewendet, und der so entstandene Stil, *nastaᶜlīq* genannt, ist elegant wie Vogelschwingen, und wenn dann die Seiten eines so geschriebenen Gedichtbandes noch wundervoll ornamentiert sind, hat man wirklich ein Gesamtkunstwerk vor sich, das jeden Perser und, wie ich glaube, jeden Liebhaber der Buchkunst begeistert.

„Schreibt man das heute noch?"

Natürlich, *nastaᶜlīq* wird in Iran, wo es noch immer große Kalligraphen gibt, und zum Teil in Pakistan geschrieben; in der Türkei wurde es bis 1928 geübt, aber niemals in den arabischen Ländern, denn Arabisch sieht einfach in diesem Stil nicht gut aus. Dann entwickelte sich in Iran und Muslim-Indien die *schikasta*, der „gebrochene" Stil, und ich gebe zu, ich habe ziemliche Schwierigkeiten, wenn einer meiner persischen Freunde mir einen Brief in diesem Stil schreibt. In Nordafrika findet man das Maghribi, in Indien manchmal das Bihari; beide haben die Schriftreform Ibn Muqlas nicht mitgemacht, und anstatt jeden Buchstaben einzeln zu üben, bis man ihn perfekt kann, wurde und wird in Nordafrika gleich das ganze Wort geschrieben. Deswegen kommt es einem oft so ähnlich vor wie das Arabisch, das unsere Studenten schreiben. Aber auch in Marokko gibt es moderne elegante Schriftformen. ... Man kann auch Kanzleischriften finden, die höchst kompliziert sind, damit das Dokument fälschungssicher ist. Ich könnte noch tagelang über die arabische Schrift erzählen, die als Schrift des Korans für alle Muslime das Band ist, das sie zusammenhält. Das Aufgeben der arabischen Schrift bedeutet einen Bruch mit der islamischen Vergangenheit.

„Ach so, deswegen haben unsere türkischen Mitschülerinnen solche Probleme. Die eine geht zur Koranschule, die kritzelt

dann immer etwas in arabischen Buchstaben, aber sie findet
es sehr mühsam, weil sie von rechts nach links schreiben und
so viele Häkchen und Punkte lernen muß ..."

Vielleicht freut sie sich doch eines Tages, wenn sie die herrlichen Inschriften an den Moscheen in Istanbul und anderswo lesen kann ... Bei den Moscheen kann ich nur sagen, daß ihr Stil sich jedem Land anpaßt. Uns ist die osmanische Moschee am vertrautesten, denn die schöne Kuppel und das nadelspitze Minarett sind uns von Fotos, Gemälden und Schokoladenpackungen bekannt. Die frühesten Moscheen aber waren Hofmoscheen, die große Menschenmengen fassen konnten, oder Hallenmoscheen, die man immer mehr erweitern konnte (wie etwa bei der Großen Moschee in Cordoba geschehen). Das einzige, was immer notwendig ist, ist, daß man eine Gebetsnische findet, die die Richtung nach Mekka weist, und zumindest in den Versammlungsmoscheen einen *minbar*, eine Kanzel. Beide können in großen Moscheen wunderbar in Holz, Marmor oder Fliesenwerk ausgearbeitet sein. Sonst braucht man nichts im Innern der Moschee, außer Lampen.

„Keine Bilder?"

Nein, natürlich nicht. Wir sprachen doch gerade vom Bilderverbot, das sich besonders auf religiöse Stätten bezieht (wobei ich hinzufügen muß, daß eine Moschee, im Gegensatz zur Kirche, kein konsekriertes Gebäude ist). Schrifttafeln kann man finden, Fliesenschmuck mit Arabesken und Blüten – die osmanischen Moscheen sind damit besonders gesegnet (die Rüstem-Pascha-Moschee in Istanbul z. B. hat 41 Tulpensorten auf ihren Wandfliesen). Und natürlich ist die Moschee meist mit Matten oder Teppichen ausgelegt – wer an den Orient denkt, wird wohl zunächst an Teppiche denken, die seit Jahrhunderten dort geknüpft werden und deren erste Zeugnisse in Europa wir von Holbeins Gemälden kennen. Die Gebetsteppiche zeigen manchmal eine stilisierte Nische, vielleicht auch eine Lampe, aber die Vielfalt der Teppiche aus Wolle oder Seide, die wir von der Türkei über den Kaukasus, Afghanistan,

Zentralasien bis nach Indien finden, gehört zu den schönsten Teilen der islamischen Kunstgeschichte, denen auch die Fachleute besondere Aufmerksamkeit gewidmet haben. Ob du einen türkischen Teppich mit seinem warmen Glanz, kaukasische geometrische Muster, die unendlich feinen Blüten auf persischen Teppichen hast, die schönen tiefroten Afghan- und Balotsch-Teppiche oder die gewaltigen indischen Teppiche des Mogulreiches mit ihren fantastischen Tier- und Pflanzenmotiven – es gibt nicht zwei, die sich gleichen. Oder man denke an die flachgewebten Kelims ...

„Und wie ist es sonst mit den Stoffen?" fragt Maria.

Auch da gibt es eine unendliche Fülle, schwere Samte aus Bursa und Seidenbrokate, Jaquard-Gewebe, hauchdünne Gaze, die man als „gesponnene Luft" bezeichnete. Ikat-Gewebe in Zentralasien, die jetzt in Usbekisten z. T. maschinell bedruckt hergestellt werden, Kaschmirschals, deren beste so fein sind, daß man sie durch einen Ring ziehen kann ... Und es gibt detaillierte Beschreibungen luxuriöser Seidenstoffe aus dem Mittelalter, wo die Herrscher Ehrenkleider verteilten, so wie heute Orden verteilt werden. Das Wort *chil^{c}a*, „Ehrenkleid", liegt übrigens unserem Wort „Gala" zugrunde. Das Wort kommt von *chala^{c}a*, „ablegen", denn theoretisch legte der Herrscher ein eigenes Gewand ab, das sozusagen mit seinem Segen imprägniert war, und gab seine „Macht" dem Beschenkten weiter. Stoffe, die in den mittelalterlichen Manufakturen hergestellt wurden, trugen manchmal Segenswünsche für den Herrscher oder den Hersteller, und auch sonst wurden Texte verschiedenster Art eingewebt; z. B. das Glaubensbekenntnis in Materialien für Leichentücher oder Grabdecken ...

„Wenn man doch bloß einmal ein so schönes Stück bengalische Seide oder türkischen Brokat hätte ..."

Nun, türkische Stickereien oder *oyas*, Nadelspitzen, kann man manchmal noch finden, und mittelalterliche Stoffe sind hin und wieder in liturgische Gewänder verarbeitet. Die

Kreuzfahrer haben solche Materialien aus dem Heiligen Land mitgebracht und der Kirche gestiftet, und dann und wann gibt es noch arabische Texte auf ihnen. Die Kreuzfahrer brachten auch Glasgefäße mit, die geschnitten oder emailliert waren. Die Glaskunst wurde vor allem in Syrien geübt. Du kennst sicher Uhlands Ballade „Das Glück von Edenhall", die von einem solchen Glas handelt, und nach der heiligen Hedwig ist das „Hedwigsglas" aus dick geschnittenem Glas benannt. Bergkristallgefäße sollte man auch nicht vergessen. Lackarbeiten aus Iran, Einlegearbeiten in Elfenbein oder Perlmutt, wundervolle Instrumente mit kostbarer Einlegearbeit, es fällt einem immer noch etwas Neues ein ...

„Sie sagten Musikinstrumente. Können Sie mir da auch noch etwas erzählen?" fragt Maria neugierig.

Ich fürchte, da bin ich keine Expertin. Ich liebe die orientalische Musik, die in jedem der islamischen Länder einen anderen Charakter hat, über deren Legitimität aber widersprüchliche Anschauungen bestehen, und ich bewundere die Flötenspieler und die *rabāb*-Spieler, die Meister der Trommeln oder der Tamburine. Aber du brauchtest jemand, der dir die technischen Daten geben könnte, dir über die Tonarten, die Modulationen, die Improvisationstechnik und so vieles andere kompetent Bescheid geben könnte. Ich empfinde nur die Verwandtschaft zwischen den Modulationen der Instrumente und dem Wesen der Arabeske: immer wieder das Gleiche und doch in mysteriöser Weise verschieden. Es fehlt gewissermaßen die „plastische" Struktur, selbst wenn manche Stücke – vor allem in der indo-pakistanischen Musik – sehr dramatisch sein können. Aber vielleicht ist der beste Vergleich, den du dir einmal merken kannst, der zwischen der Rohrfeder und der Rohrflöte, der von keinem anderen als dem Franzosen Aragon stammt; er meint, daß diese beiden Instrumente, die beide aus dem Rohr geschnitten sind, die gleiche Aufgabe haben, nämlich durch ihre wellenförmigen Bewegungen – die Linie der Melodie und die Linie der Kalligraphie – die Geheimnisse des Göttlichen für Auge und Ohr offenzulegen.

Das ist eine Variation seines Wortes, aber ich finde den Gedanken sehr schön.

„Was für ein Reichtum! Wissen die Muslime eigentlich, welche Schätze sie besitzen!"

Sie hatten es offenbar lange vergessen, und noch immer ist bei den Jüngeren das Interesse für moderne westliche Errungenschaften größer als für ihr eigentliches künstlerisches Erbe. Aber manche junge Menschen kommen nach Europa, um moderne Kunst zu studieren, und entdecken dann die Schönheit der klassischen Kalligraphie, die unendlichen Möglichkeiten der Ornamentik und wenden sich diesen Künsten zu. Es gibt aber z. B. auf dem Gebiet der Museumskunde und des Museumsbaus noch unendlich viel zu tun, bevor auch nur ein Bruchteil des noch Erhaltenen so aufbewahrt werden kann, daß es nicht von bildungshungrigen Bücherwürmern oder schönheitsdurstigen Motten und Termiten zerstört werden kann. Ein weites, weites Feld ... Aber das Problem ist: Wo liegen die Prioritäten in einem Gebiet mit erschreckendem Bevölkerungswachstum, wo auf sozialem Gebiet so viel zu tun ist? Da scheinen Museen und Restaurationen zweit- oder drittwichtig ...

„Aber sagten Sie nicht einmal, daß es ein Hadith gibt: ‚Gott ist schön, und Er liebt die Schönheit'? Ich werde versuchen, immer daran zu denken ..."

Ausklang

„Ich habe immer noch mehr Fragen!" sagt Christian. „Wie kommt es, daß die verschiedenen Länder, in denen Muslime leben, zum Teil ganz verschiedene Rechtssysteme oder politische Systeme haben? Gibt es denn keine zentrale Autorität, die alles regelt oder zumindest die Richtung angibt?"

Nein, es gibt nichts, das etwa dem Papsttum vergleichbar wäre, und wenn man manchmal den Kalifen als eine Art Papst bezeichnet hat (einen sehr despotischen Papst allerdings, wie man z. B. bei J. G. Herder lesen kann), so ist das unrichtig, denn, wie ich schon einmal gesagt habe, auch er war der Scharia unterworfen. Aber der Theorie nach war er der „Leiter der Gemeinde in Gebet und Kampf" – und die Gemeinde, die *umma*, ist idealerweise *eine*, aus so vielen Völkern und Rassen sie auch bestehen möge.

„Wieso gibt es eigentlich jetzt keinen Kalifen?"

Als nach dem Fall von Bagdad 1258 ein angeblicher Angehöriger des Abbasidenkalifen nach Kairo flüchtete und dort die Mamlukenherrscher legitimierte, war er nur eine Puppe in der Hand der Regierung, und als Selim der Grausame 1517 Kairo und die Heiligen Stätten eroberte, nahm er den „Kalifen" nach Istanbul mit, und der Kalifentitel wurde auf die osmanischen Herrscher übertragen. Doch als es 1774 im russisch-türkischen Krieg zu dem Problem kam, wer für die muslimischen Tataren der nun russischen Krim verantwortlich sei, bezeichnete man den osmanischen Herrscher als „Oberkalifen aller Mohammedaner", d. h. man räumte ihm eine „geistliche" Autorität über Muslime ein, die außerhalb des osmanischen Reiches, seiner politischen Einflußsphäre, residierten. Daher hat es dann nach dem Ersten Weltkrieg die „Kalifatsbewegung" in Indien gegeben, weil viele Muslime, verbittert darüber, daß sie unter britischem Oberkommando gegen ihre türkischen Glaubensbrüder hatten kämpfen müssen, sich ein geistliches Oberhaupt wünschten. Sie versuchten Atatürk dazu zu bewegen, dem osmanischen Sultan eine solche Stellung zu geben. Doch Atatürk schaffte 1923 zunächst das Sultanat und ein Jahr später das Kalifat ab.

„Und dann?"

Dann gab es einige Bemühungen, einen der arabischen Herrscher als Kalifen anzuerkennen, aber ein Modernist wie Iqbal, sonst sehr kritisch gegenüber Atatürks Reformbestrebungen, hielt die Übertragung der Zentralgewalt auf die türkische Nationalversammlung für korrekt – was eine Billigung demokratischer Ideen war. Die traditionalistischen Muslime kennen den Begriff der *schūrā*, des „Sich-Beratens", aus dem Koran (Sure 42,38), einen Begriff, der den Keim einer Entwicklung zum parlamentarischen System in sich trägt; aber die meisten ziehen ein System vor, bei dem die Macht bei einer Person liegt, nämlich dem gerechten Herrscher, der im Einklang mit Gottes Vorschriften, also mit der Scharia, handelt.

„... was ja wohl sehr selten, wenn überhaupt, verwirklicht worden ist", wirft Christian ein. „Und was ist mit den Kämpfen, die Muhammad von Medina aus führte? Mir ist das alles so fremd ..."

Der Muslim wird immer sagen, das seien Verteidigungskriege, um die Interessen des wachsenden Gemeinwesens zu schützen, oder, wie im Fall der Angriffe auf drei jüdische Siedlungen, Bestrafungen für den Verrat der Bewohner. Haben nicht christliche Herrscher auch immer wieder Kriege geführt, um ihre heiligsten Güter zu verteidigen?

„Ja, aber nicht zur Zeit Jesu und der ersten Generationen von Christen!" erwidert Christian rasch.

Da haben Sie recht, sage ich; aber das Merkwürdige am Islam ist ja, daß er in kürzester Zeit die Entwicklung von einer reinen prophetischen Verkündigung zu einem politischen System durchlaufen hat – alles zu Lebzeiten seines Stifters. Das Christentum hat für eine solche Entwicklung Jahrhunderte gebraucht. Aber in beiden Religionen hat es immer Menschen gegeben, die das innere Leben und nicht den äußeren Erfolg zum Ziel hatten.

„Aber ist der Islam infolge der Unbeweglichkeit der Scharia überhaupt entwicklungsfähig? Ich habe mal gehört, Lord Cromer habe vor mehr als hundert Jahren gesagt, ein reformierter Islam sei eigentlich kein Islam mehr."

Was uns – und auch vielen Muslimen – merkwürdig erscheint, ist die Art, wie einerseits an alten, von der Tradition festgeschriebenen Formen festgehalten wird, während man sich gleichzeitig der modernsten technischen Errungenschaften bedient, die sich beim besten Willen nicht aus Koran und Tradition ableiten lassen. Viele Muslime leiden unter diesem Zwiespalt und erhoffen eine langsame Wandlung. Denn die Modernisten, denen es auf eine lebendige Religion ankam und immer stärker ankommt, haben sich immer auf den Koranvers Sure 13,12 berufen: „Wahrlich Gott ändert nicht das Geschick eines Volkes, bis sie selber ändern, was in ihnen ist", das bedeutet, die innere Haltung ist das Wichtige, und von da aus, nicht von aufgezwungenen äußeren Formen, kann eine Veränderung ausgehen.

„Es gibt doch so viel Schönes im Islam – Kunst, Mystik, echte Frömmigkeit, Gottvertrauen – davon könnten wir doch auch etwas lernen!" wirft Maria ein. „Ich habe jedenfalls großen Respekt vor den Muslimen – ... selbst wenn ich die Scharia und die harten Strafen darin weder verstehen noch akzeptieren kann", fügt sie hinzu.

Vergeßt nicht, daß Ignaz Goldziher, einer der ganz großen Kenner der islamischen Welt, in seinen „Vorlesungen über den Islam" mit Bewunderung ein Zitat des französischen katholischen Theologen Alfred Loisy bringt, der 1906 sagte: „Man kann von allen Religionen sagen, daß sie für das Gewissen ihrer Bekenner einen absoluten Wert besitzen, hingegen für das Verständnis des Philosophen und Kritikers einen relativen Wert."

Und für mich ist die Essenz des Islam in einer Offenbarung aus der Spätzeit zusammengefaßt, in der das Element des Gewissens und des ethischen Handelns allem vorangestellt wird:

„NICHT DIES IST DIE FRÖMMIGKEIT, DASS IHR EURE GESICHTER GEN SONNENAUFGANG ODER SONNENUNTERGANG WENDET, SONDERN FRÖMMIGKEIT IST [BEI DEM], DER AN GOTT (ALLAH) UND DEN JÜNGSTEN TAG GLAUBT UND AN DIE ENGEL UND AN DAS BUCH UND AN DIE PROPHETEN, UND SEINE HABE GIBT TROTZ SEINER LIEBE DAZU DEN (ARMEN) ANGEHÖRIGEN, DEN WAISEN UND BEDÜRFTIGEN, DEN ZUGEREISTEN UND BITTSTELLERN UND FÜR DIE GEFANGENEN; DER DAS GEBET VOLLZIEHT UND ALMOSEN GIBT, UND DIE TREULICH IHRE BÜNDNISSE ERFÜLLEN, WENN SIE SOLCHE EINGEGANGEN SIND, UND DIE AUSHARREND SIND IN NOT UND DRANGSAL UND IN ZEIT DER ANGST, DIESE SIND ES, DIE WAHRHAFT SIND, UND DIES SIND DIE GOTTESFÜRCHTIGEN." (Sure 2,177)

Weiterführende Literatur

Alle genannten Werke haben ausführliche weiterführende Bibliographien.

Richard LeGay *Eaton*, Der Islam und die Bestimmung des Menschen, Köln 1987.

Werner *Ende* – Udo *Steinbach*, Der Islam in der Gegenwart, München 1984.

Sorayya *Faroqhi*, Herrscher über Mekka. Die Geschichte der Pilgerfahrt, München 1990.

Helmut *Gätje*, Der Koran und seine Auslegung, Zürich – Stuttgart 1971.

Alma *Giese*, Mensch und Tier vor dem König der Dschinnen, Hamburg 1990.

Ulrich *Haarmann* u. a. (Hrsg.), Geschichte der arabischen Welt, München [3]1994.

Heinz *Halm*, Die Schia, Darmstadt 1988.

Richard *Hartmann*, Die Religion des Islam, Darmstadt [2]1992.

Friedrich *Rückert* (Übers.), Der Koran. Neu herausgegeben von H. Bobzin und W. Fischer, Würzburg 1995.

Annemarie *Schimmel*, Mystische Dimensionen des Islam, Köln 1985 und mehrfach.

dies., Und Muhammad ist Sein Prophet, Köln 1985 und mehrfach.

dies., Dein Wille geschehe. Gebete aus dem Islam, Bonndorf 1992.

dies., Von Ali bis Zahra. Islamische Namen, München 1993.

dies., Ich bin Wind und du bist Feuer. Leben und Werk Dschelaladdin Rumis, Köln 1979.

dies., Mohammad Iqbal, prophetischer Poet Pakistans, München 1989.

Wiebke *Walther*, Die Frau im Islam, Stuttgart 1980 und mehrfach.

William Montgomery *Watt* u. a. (Hrsg.), Der Islam. 3 Bände, Stuttgart 1980, 1985, 1990.

Index

Hira, Höhle nahe Mekka 34, 43
Hofmannsthal, Hugo von, gest. 1929 168
Holbein, d. J., Hans, Maler, gest. 1543 168, 183
Hölle 29, 30, 67–69, 71
Hubal, altarabischer Mondgott 91
ḥubs, steuerfreie Stiftung 114
Hud, arabischer Prophet 60
hudhud, der Wiedehopf 60
Huri, Paradiesjungfrau 68, 69
Hurra, Königin von Jemen, 12. Jahrhundert 106
Husain ibn ᶜAli, dritter Imam der Schia, getötet 680 15, 99, 100, 102, 158

ᶜibādāt, religiöse Akte 112
ibn, „Sohn" 145
Ibn al-Farid, ägyptischer mystischer Dichter, gest. 1235 135
Ibn ᶜArabi, Theosoph aus Murcia, gest. 1240 in Damaskus 135
Ibn Battuta, nordafrikanischer Weltreisender, gest. 1377 18
Ibn Chaldun, nordafrikanischer Geschichtsphilosoph, gest. 1406 20, 127
Ibn Dschinni, Grammatiker, gest. 1002 65
Ibn Hazm, spanischer Theologe, gest. 1064 166
Ibn Muqla, Wezir und Kalligraph, gest. 940 181, 182
Ibn Ruschd, Averroës, gest. 1198 125
Ibn Sina, Avicenna, gest. 1037 125, 164
Ibn Taimiyya, strenggläubiger Theologe, gest. 1328 110

Ibn Tufail, nordafrikanischer Arzt und Philosoph, gest. 1185 126, 127
Ichwan as-Safa, die „Lauteren Brüder von Basra" 126
ᶜīd al fiṭr, Fest des Fastenbrechens 88, 159
Idi Amin 106
idschmāᶜ, Übereinstimmung, Konsens 111
idschtihād, Forschen in den Rechtsquellen 111
ifṭār, abendliches Fastenbrechen 87, 88
iḥrām, Pilgergewand 91–93
iḥsān, „Wohltun, etwas schön machen" 10
Iltutmisch von Delhi, gest. 1236 18, 19
imām, „Vorbeter" 12, 79, 150, 151; schiitischer Imam aus der Familie des Propheten 100, 102–104, 107, 159; Hazir Imam, der Aga Khan 106
imān, „Glaube" 10
Indien 18, 20, 22, 23, 57, 63, 82, 86, 102, 103, 105, 115, 116, 128, 138, 139, 142, 146, 148, 149, 164, 168, 169, 171, 173, 174, 177–180, 182, 184, 188; Britisch- 41; Nord- 21, 109; Süd- 10; Indian National Congress 21; indisch 50, 98, 106–107, 173, 184
indo-muslimisch 160; indo-pakistanisch 47, 100, 103, 147, 155, 185
Indonesien 23, 110
Indus 15
inschallah 120, 121
Iqbal, Muhammad, indo-muslimischer Dichter-Philosoph, gest. 1938 21, 22, 32, 42, 47, 54, 65, 69, 128, 188

35; seine Fürbitte am Gerichtstag 46, 54, 67; Segen über ihn 52, 79, 81; seine Himmelsreise 46, 47, 49, 89, 158, 167, 178; Öffnung seiner Brust 47; Mondspaltung 47; sein Haar 52, 53; sein Geburtstag 55, 89, 158
Psalmen 57

Qāḍī, Richter nach dem Religionsgesetz 113, 115, 151
Qadiriyya-Orden 138
qawwālī, religiöse Musik (bes. im Subkontinent) 138
qiyās, „Analogieschluß" 109, 111
qiyāmat, „Auferstehung" 66
qul (Türkisch), „Diener, Sklave" 147
Quraisch, Muhammads Clan 43
quṭb, „Pol, Achse", höchste Gestalt der Heiligenhierarchie 134
Qutub Minar in Delhi 18

Rabiᶜ al-awwal, dritter Monat des Mondjahres 55, 158; Rabiᶜ ath-thani, vierter Monat des Mondjahres 158
Rabiᶜa von Basra, Mystikerin, gest. 801 30, 130, 131
Radschab, siebter Monat des Mondjahres 98, 158
Radschastan 18, 138
Rahman Baba, pathanischer Dichter, gest. 1711 169
rakᶜah, Zyklus von Haltungen und Gebeten beim Ritualgebet 78, 79, 88
Ramadan, neunter Monat des Mondjahres, Fastenmonat 9, 85, 86, 159

Ramon Lull, katalanischer Laientheologe und Autor, gest. 1315 167
rauḍa, „Garten", Mausoleum Muhammads in Medina 98
ra'y, „Meinung, Spekulation" 109
Razi (Rhazes), arabischer Philosoph und Mediziner, gest. ca. 925 125, 164
Reinheit, Reinigung, rituelle 37, 75
Riegl, Aloys 179
Rifaᶜiyya-Orden 142
Riyad 155
Robertus Ketenensis, erster Übersetzer des Korans, gest. nach 1250 167
Robinson Crusoe 127
Rückert, Friedrich, gest. 1866 170, 171, 177
Rumi, Maulana Dschalaladdin, persischer mystischer Dichter 25, 41, 63, 70, 128, 130, 136, 139, 143, 171
Rußland, russisch 19, 187
Ruysbroek, Jan van, flämischer Mystiker, gest. 1381 132

Saba 60
Sabier 15, 57, 116, 124
sadschada, sich niederwerfen 74
Safa und Marwa 93, 96
Safar, zweiter Monat des Mondjahres 158
Safaviden, Dynastie in Iran, 1501–1724 103
Sahel-Zone 94
ṣaḥīḥ, „gesund, makellos" 51
Saladin = Salahaddin der Ayyubide, reg. 1171–1193 16
salām, „Frieden" 8
ṣalāt, Ritualgebet 9, 73, 81, 83

Salih, arabischer Prophet 60
Salman al–Farisi, gest. 656 44
Salomo, Sulaiman, König-Prophet 61, 63
samā^c, „Hören", Musikveranstaltung 137, 141
Samarkand 14, 20, 173, 174
Sana'i, Madschdaddin, persischer Dichter, gest. 1131 171
Sarazenen 14, 165
Satan (Teufel, schaiṭān, Iblis) 65, 66, 93, 94, 96, 144
Saudi Arabien 98, 108, 110, 128, 160, 161
ṣaum dāūdī, abwechselnd einen Tag fasten und essen 89
sayyid, Nachkomme des Propheten durch seine Tochter Fatima 53
Sayyidna, „unser Herr", geistliches Oberhaupt der Bohora-Ismailis 106
schab-i barāt, Vollmondnacht des Scha^cban 158
Scha^cban, achter Monat des Mondjahres 158
Schadhiliyya-Orden 142, 167
schadschara, „Stammbaum" 141
Schafi^ci, asch-, Rechtslehrer, gest. 820 110
schahāda, Glaubensbekenntnis 9, 10
Schahdschahan, Mogulherrscher, reg. 1628–1658 20
Schahnama, das persische Königsbuch Firdausis 171, 177
scharī^ca, das Religionsgesetz 108–110, 112, 114, 118, 119, 187–189
scharīf, „edel" 53
Schawwal, zehnter Monat des Mondjahres 159
Scheich 136, 141; scheicha 141

Schi^cat ^cAli 100
Schiiten 15, 16, 22, 41, 50, 99–114, 123, 126, 128, 142, 146, 151, 158, 159; Fünfer- 102; Siebener- 104; Zwölfer- 103
schikasta, „gebrochene" Schrift 182
Schiras 128, 173, 174
Schirin, Romanzenheldin 173
schirk, „Zugesellung" 30
schūrā, „Beratung" 115, 188
Schutzbefohlene, dhimmī 15
Schweden 86
Seldschuken, türkische Dynastie, ab 1055 16
Selim Yavuz, der Grausame, osmanischer Sultan, reg. 1512–1520 17, 19, 20, 187
Senegal 171
Serben 17
Sikh, Religionsgemeinschaft Nordindiens 21
silsila, „Kette", geistige Einweihungskette 59
Sinai 59
Sind 15, 57; Sindhi 22, 40, 134, 169
Sizilien 165
Sklave, Sklaverei 155, 156
Solingen 27
Spanien, spanisch 14, 16, 86, 116, 124, 135, 163–168, 180
Spiegel 152; Herz als – 82, 132; Welt als – der Gottesnamen 31, 135
Srinagar 53
Suaheli 40, 170
Subkontinent 21; s. a. Indien, Pakistan
Sudan 157
Südostasien 22, 170
Sufi, Sufismus 30, 31, 60, 131–143, 167

Koranzitate

Zur Aussprache orientalischer Namen und Begriffe

ch ist immer hart, wie in *ach*.
dh entspricht dem weichen englischen th in *the*.
th entspricht dem scharfen englischen th in *thank*.
ᶜ ist ein harter Stimmabsatz.
al- ist der bestimmte Artikel, das *l* assimiliert sich an eine Reihe von Konsonanten; *al-dīn* wird *ad-dīn*.

Bildnachweis